戦後憲法史と並走して

戦後憲法史と並走して

学問・大学・環海往還

樋口陽一◉

聞き手 蟻川恒正

岩波書店

副題に「学問・大学・環海往還」という。

大学を場とする研究・教育という仕事と、それを機縁としての学外社会とのかかわり。そのことを主題とした語りは、ことの性質上、国ざかいを越えた範囲に及ぶ。「環海往還」の名は、江戸後期、仙台藩領民たち漂流の末の「おろしや」体験聞き書きをまとめた大槻玄沢『環海異聞』に、僭越ながら倣った。なお大槻家はその歴代、漢学・洋学に通じた碩学として、仙台藩政の枢機にもかかわった家系であった。

はじめに

私の職業的・公的な生活をふり返ると、その前の段階を含めて、ほぼ一〇年ごとに区切りがあったことに気づきます。一九三四年生まれの幼児期は虚弱児でした。一九四一年の国民学校入学に始まる少年前期は戦時体制下の思考停止、それに続いて戦後の新制中学を含め九年間の実質初等教育です。少年後期、精神的・知的な基礎形成の出発点は、一九五〇年の仙台一高(旧制仙台一中)入学でした。東北大学(旧制東北帝大)卒業後、一九六〇年にフランス政府給費生となって六二年までヨーロッパ初体験。東北大学法学部で職を得、学内個有の「昭和四〇年本学問題」(一九六四―六五年)と全国的な大学紛争(六八―六九年)の渦中で、自分なりの大学観と職業倫理を身に着けたつもりになるのが、ほぼ一九七〇年です。一九八〇年に東京大学法学部に移り、研究・教育上の新しい責任を担うことになりました。フランス革命＝人権宣言二〇〇年国際研究集会(パリ)での一九八九年報告が私にとって重要であり、一九九〇年代に入って、国外向けの報告や著作への注力の度合が大きくなります。九五年の東大定年退職後、とりわけ二〇〇〇年代になって、その傾向は一層強くなってゆきます。

大ざっぱに言えばそういう座標面の上で、内外の学問社会と交叉してきた一研究者の軌跡の概略をふり返ってみることにしよう。それがこの企画の眼目です。

話を始めるのに先立って、その軌跡の背景となってきた国内外の大状況がどういう「いま」＝現在に及んできたか、私なりの認識を、思い切り単純化したかたちで述べておきましょう。

一九七〇年前後の節目から一九八九／九〇年をはさんでその後の展開、についてのことです。七〇年代、国内は「経済大国」化と利益集団多元主義、国際規模では東西緊張の緩和(デタント)で始まり、南北問題については一定の期待とその破綻がありました。一九八九年のフランス革命二〇〇年記念の学際大会で私の報告がひとつの反響を得たとき、それは、戦後民主主義の安定と国際新秩序の到来を思わせる中でのことでした。しかし実はそれと間を置かず、内は「戦後レジーム」の解体、外では国際「新・無秩序」へと移行しながら二一世紀へとなだれ込んで今日に及んでいる、というのが私の基本的な見立てです。

この本の構成

Ⅰ、Ⅱ、Ⅲの章は、私があゆんできた行程をふり返りながらの語りです。言うならばクロノロジック＝時系列を追っての記述が基本となるでしょう。一方、何を・なぜ・どう・問題にして来たかを跡づけるⅣ、Ⅴの章は、ロジック＝論理の世界の事柄を扱うこととなります。憲法研究者というメティエを選び、そうあり続けることを心掛けてきたひとりの人間の自分史が、ⅠⅡⅢ章の内容だとすれば、ⅣⅤ章は、その私自身によるひとりの憲法研究者の自己診断と言ってよいかも知れません。ⅠⅡⅢ章とⅣⅤ章の間で、登場して頂く人びとの扱いに意識的な違い（敬称の有無）があるのは、そのことの反映であることをお断りして置きます。

ここで、「大項目」といってよい基本構成の骨格を示せば、次のようになります。

第一部　あゆんで来た道

Ⅰ　戦前・戦中・敗戦後

Ⅱ　仙台をベースキャンプとして
――「西洋」初体験をはさんで

Ⅲ　ベースキャンプとしての東京
――前進キャンプはＩＡＣＬ／ＡＩＤＣ（国際憲法学会）五人組

目　次

III ベースキャンプとしての東京――前進キャンプはIACL/AIDC(国際憲法学会)五人組

目　次

第一部 あゆんで来た道

Ⅰ　戦前・戦中・敗戦後

0　一身にして「三世」を経る

時代も身辺の環境も、私が生まれた一九三四(昭九)年から少年前期にかけ、福沢諭吉の名句を自分流に言い換えるなら、「一身にして三世」さながらの転回つづきでした。「満洲事変」から「支那事変」そして「大東亜戦争」開戦直後までの第一段階は、世の中そのものが「非常時」につき進んでゆく中でも、家庭では、最初の男の子なのにひ弱だった私自身は、三人の姉たちによると、いわば「毀れものを扱うように」大事にされて育ったらしいのです。

戦況が緊迫し仙台も中心部が焼夷弾で壊滅するところまでゆく少年前期の第二段階は、体力の点で何の取柄もなかった少年にとっては、すべてが灰色でした。「八月一五日」後の第三段階は、まっとうな解放感と猥雑な空気があふれる世間に向き合うことになりますが、上級生のいない新制中学で校舎もないまま小学校に間借りして過した計九年間は、決して無意味ではなかったにせよ、内側からの自己形成につながるものではありませんでした。

1　少年後期：自己形成のはじまり——伝統校の自由と戦後解放の自由

仙台一高——別世界への参入

私の自己形成にとって意味のある時間が始まったという意味で、一九五〇年から五三年までの少年後期から入りましょう。旧制仙台一中に入学するはずをいわば三年間待たされた、その新制仙台一高に入ったところから始めたい。私にとっては、文字通り子どもがオトナの世界に参入したという感じが強烈でした。最上級の三年生はすでに旧制一中以来六年目で、それぞれの年度の上級生たちを見ながら育ってきていて、新制中学とは万事対照的な世界です。

この学校は初代校長が『言海』の大槻文彦です。洋学、漢学、それぞれの、仙台藩の歴代学者の家系です。彼は『言海』という、最初の本格的な日本語辞書を、一八八九年から九一年にかけて、まさに明治憲法ができるころですが、それを仕上げて故郷の仙台一中(創立時は宮城県尋常中学校)の初代校長としてやってきたのです。あとで帝国学士院会員になる学者です。奥羽越列藩同盟の盟主であったはずが官軍に屈した仙台藩の、歴代学者の家系が教育界の中心にすわるということだったでしょう。

一八九二年の創立とともに入学した一年生の中にいたのが吉野作造であり、彼の友人ともなる劇作家の真山彬＝青果です。海軍リベラルの代表格、「最後の海軍大将」井上成美が在校したのはもっとあとです。

明治期からの校訓が「自重献身」、昭和に入ってからの標語が「自発能動」。たぶんに都合よく生徒たちは解釈して、戦後解放という社会全体の背景があってこそということもあるけれども、一種の「解放区」の感でした。私が入学した時の校長は東北帝大(工学部)名誉教授の著名学者、宮城音五郎先生で、旧制高校式にやらせるという感じでした。都合よく解釈して、万事旧制二高生の真似事に勤しんでいた上級生たち。高下駄、冬も裸足で、マントを翻すという、これは旧制高校生のスタイルですね。酒は事実上公認でタバコは「不良」生徒のやること、という空気でした。七クラスのうち二クラスでドイツ語を選択できました。

一年生の秋に、宮城校長が宮城県の教育委員会選挙に引っ張り出されました。そのころ教育委員は公選でしたから、社会党系が担いだかたちで、のち知事を一期つとめられました。後任にやってくるのが高山政雄先生で、生徒たちは、おれたちの闊達な校風に手をつけるな、とばかり身構えて迎えたのですね。その高山校長は、最初の壇に上がるや「諸君を紳士として遇する」と一言、それが劈頭の辞だった。そこでにわかに「和解」が成立するというふうな感じでした。こちらはとんでもない「紳士」連中ですが。

ドイツ語、山岳部、生徒会活動

勉強のほうでは、まず、ドイツ語です。小学校とそのままつながっていた新制中学から一足とびに旧制高校めいた世界へ、の飛躍の象徴でした。いきなりゲーテとベートーヴェンの文化、そして二番上映館で見る戦前映画(「会議は踊る」や「たそがれの維納」など)……。もっとも、その一方でコクトーの「双頭の鷲」を観て、夢の世界の「西洋」にひかれると思えば加藤周一さんの『抵抗の文学』に接して、それまで知らなかった「フランス」に愕然とし、文化の表層を支える社会そのものの歴史に否応なしに眼を向けざるを得なくなる、といった状況ですから、少年後期の知的混沌といった方がよいかもしれません。

他の教科では、社会科という大枠の中で一年生のときに一般社会、学年が進んでから日本史の授業です。一般社会の庄司豊義先生は、『民主主義上・下』という分厚い本が教科書ですが、それは開かない。講義風の授業で、宮沢俊義という名前を、そこで初めて聞きました。「八月革命」の話だったのですね。授業で知ったことのひとつが、マルクスの資本の三定式です。金貸し資本と商人資本と、そして近代を特徴づける産業資本。G–W–G´のWの中に生産手段と労働力とを抱え込んだ労働力商品化が剰余価値を生む、という論理ですね。こういうことは、兄貴や姉たちから話を聞くという家庭もあったでしょうが、私にとっては新鮮でした。

日本史の大竹金弥先生はのちに母校の校長として戻ってこられて、卒業したあともつながりが改めて出てくるのですけれども、在校中すでに、三重の意味でかかわりができました。一つは授業そのものです。ここでも教科書を使わない。記憶しているのは、中世の土一揆の話を何回かの授業を通してやるのです。黒板いっぱいにいろいろな資料を書いて熱弁をふるう中で、石母田正とか藤間生大という名前がポンポン出てくる。石母田正は仙台藩の石巻の出身ということもあって、先生は特に敬愛の感を持っていたんじゃないか。私の家庭は姉の相方も含めて全員理科系でしたから、ここで大いに社会系への関心を刺戟されました。

二つ目には山岳部長としての先生です。高校入学直前の一九五〇年の冬、奥羽山脈の宮城、秋田、岩手の境界にある栗駒山、二〇〇〇メートルないけれども東北の豪雪地帯の冬山への三年生と一年生の二人の山行で、一年生をかばって三年生が遭難死し、一年生は九死に一生を得て生還するという大事件があったのです。いまなら山岳部は長期謹慎か閉部になるところですが、その年の四月には私を含め新入生が大量入部した、そういう時代です。大竹先生は母校出身で大きなお寺の住職でもあった若手教師でした。山岳部長としてご自身の中では多大の苦渋を飲みこむことに耐えながら部の再建を支えてくれたのだということは、おとなになって痛いほどわかることでした。そういうことがあって、のちに私たちの世代がＯＢ会の中心となり、仙台一高自前の山小屋建設（蔵王）やヒマラヤの七〇〇〇メートル級ガンチエン峯の初登頂をやりとげることになります。

九死に一生を得て生き残った一年生が、のちに私の一学年上の義弟となる一力英夫という人間です。彼と同期の菅原文太、私と同期の井上ひさしという四人の組合せが、のちにいくらかの社会的意味も持つようになります。「四人組」の中で、いま生き残りは私だけです。この仲間たちについては、のちにまた話題にすることがあるでしょう。

大竹先生の話に戻って、三つ目は生徒部長としての先生です。私が三年生になって、いまも親しくしているＳの説得で、生徒会の「執行委員長」なるものを引きうけることになって、ここでも先生は生徒たちに懐深く向き合ってくれました。文化祭で生徒会傘下のあるクラブが原爆展を実施したときも、ご苦労のほどを私たちに見せることはありませんでした。

当時といえども、大学入試そのものは普通の生徒にとってはやっぱり一つの障壁にはなっていたのですね。直接投票で生徒が選ぶ執行委員長への立候補者が出ない。そういうせちがらい面も、すでにあった。それでSが説得に来て、おまえが立候補してくれれば俺は全力で一緒にやるから、ということだったのです。もともと体が弱い児で内気、近所の子と遊んだこともなかった。そういう私が、いろんな諸君を統率しながら応援団長の親分みたいなこともしなくちゃいけない。適任そのものだった応援団長のMはその数代前の兄貴に続く二代目だったが、団長の「任命」権は執行委員長が持っているのです。そういう中で、仙台一高に対する「宿敵二高」の応援団長Kが終生の親しい友人になります。

闊達自在の校風

当時の仙台一高の気風を知ってもらうために先生方の中からなお、お三方。まず、井上廈《ひさし》(本名)のクラス主任だった地学の藤川武臣先生。将来の作家・劇作家は授業をよそに学校近くの三番上映館で洋画を観るのを習いとしていたらしく、ある日婦人警官(当時のコトバづかい)に現場で補導され学校に連絡が来た。井上は藤川先生から、映画の半券と感想文を今後その都度必らず提出するよう、申し渡されたとのことです。快作『青葉繁れる』さながらの闊達自在の校風の中で、「井上ひさし」生得のエスプリが爆発準備の過程にあったのでしょう。化学の渡会正蔵先生。その宿直の夜に、われわれが僅かな酒を持ち込んでの人生論ダベリと興余っての先生の面白芸。退職されたあと、反原発をひとり街頭で説いておられた。音楽はタヌキという仇名の舘山甲午《こうご》師(無形文化財、平曲)で学期末試験のときは民謡を歌っても流行歌でもよし。ずっと後のことになるが祇園精舎から大原御幸へと語りを聴く会に旧師を引っぱり出し、そのころ同期仲間の一員となっていた東北大の仏文教師、後述ジェラール・マルツェルが、平曲のパリ大学公演を実現することになる。

遡って一九三四(昭和九)年に戻りましょう。

2　遡って幼児・少年前期――虚弱児の「学徒隊副小隊長」

一九三四(昭九)年から一九五〇(昭二五)年までは、敢えて言えば自分自身がなかった。外界との関係で言うと時代状況は、一九三一年の満洲事変、三二年の五・一五事件があり、私が生まれた一九三四年をはさんで、三六年に二・二六事件、三七年に日中全面戦争へという、順を追って破局に向かってゆく。

自分の身辺のことでは、父親も母親も仙台でよそ者でした。私の家庭にとって「社会」は父の職場である大学、「世間」は借家の大家《おおや》さんで、獣医師将校のご一家でした。職業上ご本人は概ね不在でした。片隣りは小さな原っぱでした。

父・盛一——傍系出身ゆえの古典的大学観

父は一八九〇(明治二三)年生まれです。一九八二年没ですから当時として長生きしたと言えましょう。東北帝国大学で本多光太郎門下です。生まれは岡山県で、高梁川に橋がなかったころの山村の生まれですから、山奥ではないけれども、相当な田舎だったのでしょう。「新聞をとっていたのは、役場と、どこかと、うちだった」ということを言っていましたけれども、大きくはない自作農です。上の学校に行くことを当然に考えるような環境ではなかったでしょう。まず岡山師範に行き、その時代には全国に二つしかなかった高師、そういう意味で難関だった広島高等師範に進みました。いまの広島大学です。当時の中学校教員養成が主目的の学校で、男の子にとっては東京高等師範と広島高等師範しかなかった時代のことです。

東北帝国大学は旧制高校出身でなくても受け入れる帝国大学として、「門戸開放」という創立以来の看板を掲げていました。本多先生のもとで父が研究者の道を歩むことができたのは、その原則ゆえに可能だったわけです。大学の同僚たちの中で父が特に親しくして頂いたお二人の名前は子ども心にも残っていたし、のちにキャンパスでお会いすると励まして下さった。お一人は増本量先生で理学部学生時代以来の友人、もうお一方は工学部で隣室の同僚となった沼知福三郎先生です。増本先生は金属材料研究所で本多門下の中心であり続けた方、沼知先生は流体力学専門で高速力学研究所を主宰されていました。

父は理学部を卒業して工学部に職を得たのですけれども、いわゆる工学ではなくて、弾性学、振動学の講座を担当していました。ですから、自分の二人の親友が実学研究の世界で功成り名遂げて、それをいつも喜んでいました。大学の管理運営が日常的にむずかしくなる前の時期、三人が金研所長、速研所長、工学部長として同時に部局長会議のメンバーだったことがあったようで、勝手に想像するだけですが、父にとっては快い出席義務だったのではないかと思います。

傍流出身ゆえにこそ、オーソドックスな古典的な大学観に父はこだわっていたのでしょう。最晩年、岩手大学の学長をつとめた時期の文部省への対し方にしてもそのようです。のちになって私の子どもが仙台の旧宅で学内の刊行物に父が書いたものを見つけて、持ってきてくれた。これはあとで大学紛争との関係で紹介してもいい。ひとつの資料になると思います。

岩手大学は、盛岡高等農林の伝統を軸として編成されていたにしても、小規模の国立大学のひとつだったでしょう。にもかかわらず父は文部省への対し方で、原則として大臣か次官、局長以外には会わないという主義だったらしい。在任中のどの時期かわかりませんが一人の局長がそういうことをよく理解してくれて、その方とは特に考えが合っていたらしい。その方が相方の時期かどうかわかりませんが、大学生協の建物整備にあたって敷地の面積が問題になり、文部省の担当者に学長自身が話しに行って問題を解決してほしい、という学内の声に応じなかったということがあったそうです。

母・郁子――明治「モダン」？

母親のほうは、一九〇四(明治三七)年生まれ。二〇〇一年まで、最後の数カ月を除くと、しゃんとしておりました。岡山高等女学校卒業です。もと資産家だったらしいです。「もと」です。母は万事に鷹揚でした。教育ママの正反対のタイプというのか、よく台所で英語で「ホーム・スイート・ホーム」なぞを歌っていましたね。女学校の音楽教育もそういう時代だったのでしょう。戦後のことで憶えているのは、訪ね先を迷ってあらわれた進駐軍の将校にベラベラと聞かれて、「I can not speak English」と言っちゃったら相手の将校が立て板に水のごとくなって、あとは「No, no, no」と言って勘弁してもらった、ということもありました。

その家庭で私が生まれた時には姉三人でした。言ってみれば待望の男の子だったらしい。私が生まれたのは、いまで言えば楽天イーグルスの本拠球場のある、戦中なら練兵場、その前ならば島崎藤村の『若菜集』に出てくる「心の宿の宮城野」、広大な野原の近くの新開住宅地の借家でした。あとで姉たちが言うには、「私たちの小さい時には町なかのもと武家屋敷に住んでいたんだよ」とのことでしたけれども、浜口内閣の緊縮財政で官吏一律何パーセント減俸というあおりを食って、家賃を払うのが苦しくなってきた。それで宮城野原近くの新開住宅地の借家に移って、そこで私が生まれたのです。そのころ流行りの造作らしく、一応程度の家ですね。私が大学に通学していた時期までそこに住んでいました。門を入ると右側に苺畑があって、とっつきが洋間で、その次が玄関です。洋風はその洋間一間で、あとは八畳、六畳、四畳半に三畳という間取りです。姉たちからすると、ずいぶんそれまでと違うところに来たものだと思ったらしいです。

生活は慎ましかったはずですけれども、学区の中で言えば住宅地として離れ島の感じ、そんなふうに言ったらいいのかな。連坊小路小学校ですが、隣の学区の子どもたちなんかが「レンボ学校ビンボ学校」と言って囃すようなところですから、そういう意味では二重の離れ島だったのかもしれません。

それはともかく、生まれた時から非常に私は病弱で、東北帝大病院の先生方に「この冬を越せれば何とか」と言われていたそうです。内科の黒川利雄先生、小児科の佐藤彰先生という方々。黒川先生とは大人になってからいろいろな機会にお会いする場がありました。佐藤彰先生は森鷗外のお嬢さんと結婚されて、しかし長続きしなかったようですね。独身でいらっしゃって、仙台一中、一高の会合でOB長老として出て来られ、よくお会いする機会もあり、一九六〇年に私が留学に行く時に、ヨーロッパ心得を教えてくださった。そういうふうに、あとでそれぞれにご縁ができる大先生たちから、「この冬を越せれば」と言われていたそうです。

幼稚園のころ

それでも学齢期が近くなると、一年間、市内五ツ橋の愛隣幼稚園に行ったのです。父の研究室で教官身分で学生の実験指導に当っておられた飯沼一精さんがプロテスタントの立派なお人柄で、そのご縁でのことでした。戦後になって、かつ少年と言えるほどに成長した私にはじめて氏の人柄の背景を父が話してくれたのですが、飯沼さんは、幼年の白虎隊士・飯沼貞吉氏が切腹のあと発見され蘇生したがゆえに、氏の次男として世に生を享けることとなった方だったのです。

幼稚園まで子どもの足では三〇分ぐらいかかったのではなかろうか、どうやって通ったのか、思い出せません。不思議ですね。幼稚園は大学の片平キャンパスの近くでしたから、行きは父親と一緒に行ったこともあったのでしょう。帰りはそんなはずないから、一人で帰って来たんでしょうね。ずっと後になって何人かのもと園児仲間たちとお付き合いをするようになりますが、当時は内弁慶そのものでした。

蟻川　幼稚園から一人で三〇分ですか。

樋口　それが不思議なんです。なにしろ世間知らずなのにですからね。幼稚園に行く直前ぐらいまでは行儀見習いのねえやさんがいました。別に行儀を教えるんじゃなくて、農村の小学校を出てすぐぐらいの女の子です。歴代そういう人の中には姉たちと仲良しになってお付き合いが続いた人もいたそうで、私の時にはヨシちゃんという人だった。それから、外遊びできない私だけの遊び相手をしてくれる根本さんという近所のおばさんが、一日何時間か私と遊んでくれていました。大学を卒業したとき、おかげさまで一人前になりましたと挨拶に行ったことを思い出します。

一九四一年の「真珠湾」前にはケーキも食べられたし、メロンもあった。もっともメロンはすでに貴重品だったのか、冷蔵庫に入れていたのを、父親が「まだだ、まだだ」と言っていて、あけてみたらもう食べられなくなっていたことを鮮明に憶えています。電気冷蔵庫じゃなく氷を入れる冷蔵庫ですから、氷を配達してくれる御用聞きさんもまだいたということですね。

そういう中で一つの情景を憶えているのは、父と増本先生とが共通の床屋で居合わせて、床屋談義をしているのを耳にした相客がいたらしく、床屋のおやじさんが慌ててかなり離れた私たちの家までかけつけてきたことです。増本先生は金属材料研究ですから、おそらく、「鉄の保有だって桁違いなんだから」というようなことが話に出ていたのでしょう。そういうことをその筋にご注進に及んだ相客がいたらしくて、憲兵だか警察だかが来たというので、とにかくそのことだけは知らせなくちゃというので飛んで来たのですね。

それでも、何もなかったようです。増本先生はもちろんのこと、父も含めて、当時、軍は帝大の教授たちを自分のところに抱え込んでいたようです。増本先生の研究も沼知先生の研究も総力戦体制の中で大きな意味を持つ。父と言えば、計算尺を手にした基礎研究という、子どもごころのイメージでしたから実益に役立つはずはないけれど、いわばその余得に与っていた。正直なところ、母が戦後になってから、「帝国大学教授と言うけど、大学から受け取る俸給だけで五人の子どもを育てるのは大変だったのだよ。ある時期から、軍から研究費が出るようになった」と洩らしていました。いちいちの受領書なんか要らないお金でしょう。

蟻川　本当に自由に使っていいんですね、それは。

樋口　そうでしょうね。

蟻川　なかなかの見識がある。

樋口　陸海軍にはそういう部分があったのでしょう。石油の経済学の脇村義太郎さんは拘置所ぐらしから出てきたら軍が引っ張りに来たというんでしょう。それが総力戦ですからね。

蟻川　真珠湾より前ですか、床屋談義というのは。

樋口　もちろん前です。

蟻川　先生、すごい記憶力ですよね。本当にちっちゃい時の記憶って、あんまりないんですが。

樋口　外で近所の子と遊んでいないから。憶えていることと全く思い出せないことがまだら模様です。他のことは、幼稚園に子どもの足でよく通ったものだと思うぐらいで、記憶がないのです。

「一二月八日」から「八月一五日」まで

樋口　一九四一年四月が「国民学校」一年生です。一二月八日の記憶はあります。まず心細さでした。講談社の絵本で知る限りでも、アメリカのことを思っただけで、それは当然です。大陸間横断列車とか、ニューヨークのマンハッタンの、いまと変わらない状況でしょう。なにしろ仙台の町でビルというのは三越が五階建て、藤崎デパートが三階建て、それからどういうわけか簡易保険局が堂々たる鉄筋コンクリートで進駐軍の拠点にされるほどでしたが、あとは西洋館でもせいぜい三階です。絵で見るアメリカとの対照を思っただけでも当然、「やったぞ。勝つんだぞ」なんていう高揚した記憶は全然ないですね。

急に周りが変わりはしませんでした。変わるのは三、四年生の段階です。特に一九四四年になると、もうどうしようもない。担任の先生がいま考えると戦地体験後遺症だったのでしょうね。暴力教師でした。国民学校四年生ですから、規律を軍隊みたいにできるわけがない。そうしますと、級長が連帯責任で一緒に殴られるのです。これは「ちょっと」と言う以上にひどかった。あるとき一緒に殴られた級友は腕ききの職人になり、その子どもさんが東北大の理系を出て披露宴にも呼ばれるつきあいが続きました。

敗戦の年、一九四五年六月二二日付の公式辞令があります。学校兵営化の公式化を示す辞令です。沖縄の公式敗戦は六月二三日でしょう。字のうまい先生が楷書で墨書している。印刷す

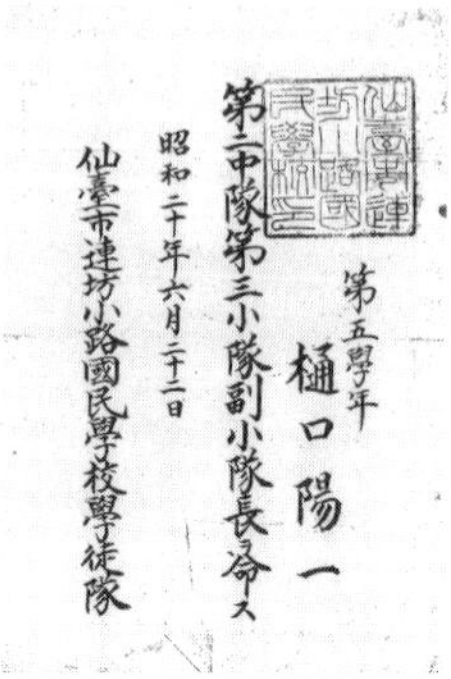
第五學年
樋口陽一
第二中隊第三小隊副小隊長ヲ命ス
昭和二十年六月二十二日
仙臺市連坊小路國民學校學徒隊

るだけの余裕はもうないのです。「学徒隊」で、「副小隊長」とは級長のことです。「小隊長」は担任の教師。学年は「中隊」で、学校全体になると校長先生は「連隊長」だったのかな。八月一五日後になると今度は戦後民主主義ですから「学級委員」になるというわけで、級長から副小隊長になり、級長に戻ったあと学級委員になる。短い期間の間に、まさしく一身にして「三世」を経る。

蟻川　沖縄戦の組織的戦闘が終結する前日の辞令というのはちょっと生々しいですね。本土決戦近しという……。

樋口　副小隊長の辞令をあげておきましょう。

七月九日の深夜から一〇日にかけてが仙台空襲です。一晩田んぼのあるところまで逃げて、弟と田んぼの畦道で、まったく眠れなかったという記憶はない。旧借家のあった中心部は丸焼けです。新開地に転居していなかったら、そこで私の短い人生が終わっていた可能性が大きいでしょう。死者の数は一三九九人とされています。

典型的な都市爆撃でした。この時点で住んでいたのは宮城野原練兵場近くで、私たちの家と宮城野原の中間には騎兵第二連隊の兵舎があり、宮城野原の向う側には歩兵第四連隊がある。両方とも焼夷弾攻撃を受けていない。市電環状線の内側に当たる人口密集地を選んで絨毯《じゅうたん》攻撃です。日本の都市爆撃の際は大変な火災を起こす焼夷弾のほうが被害が大きいですからね。

私たちの借家もこの次は焼夷弾攻撃の射程に入ってくるだろうということで、工学部の職員の方の縁故を頼って、仙山線の愛子《あやし》という駅から歩いて行く山村の農家の馬小屋だけを何とか空けてもらって、馬はもちろんもう徴用されていたでしょうから、そこにわずかな寝具を運んで、母と弟と三人で暮らすことになりました。

もう市電は止まっていました。鉄道のキップなど手に入る筈もありません。仙台市の中心の焼け跡を横断して南東から北西に行くわけですが、一晩八幡町の父の同僚の家に泊めてもらって、翌日、母と弟――私が五年生だから早生まれの弟は一年生――と、ひたすら歩きました。研究室員で一番若かったS・Kさんが伴ってくれました。弟・龍雄は私同様仙台一高→東北大と進み、工学部を選んで新設の電子工学科の最初期の学生となり、定年まで教授をつとめたあと岩崎俊一さんに招かれて東北工業大学に行き、現在同大学の理事長をしています。

そして八月一五日。文字通り解放です。解放といっても、思考停止の中での物理的な解放感です。ただし、一抹の不安がなかったわけではない。さきほど言いましたけれども、特に海軍は理工系の教授たちを囲い込んで、それなりの処遇をしていました。帝国大学教授は勅任官ですから、海軍省に行けば将官待遇でしょう。その限りでは確かに戦時利得者であったことは間違いない。戦犯として追及されるのではないかということを、子どもながら親にも言えず一時期、本気で恐れましたね。

上級生なし、校舎なしの新制中学一期生

さて、五年生ですから、六年生になればうちの近くの仙台一中に行くんだ、そろそろ何か勉強もしなくちゃいけないかなという感じでいたところに、いわゆる六三制ということになって、早耳の同級生が、受験しなくて全員中学校に行けるんだぞ、というニュースを持ってきました。六年プラス三年、文字通り忽然とできた新制中学です。高等小学校があった学区の子たちはその校舎で、つまり椅子も机もあるところで新制中学一年生を始めるのですけれども、それ以外のところでは、卒業したばかりの小学校でそのまま間借りする。当然二部授業になります。小学校にとっても迷惑な話です。「小学校」は、私が入学した年に国民学校に改称され、卒業と同時に小学校に戻ります。美智子前皇后がよくそのことをおっしゃっていました。まったく同じ世代ですから。

新制中学に入りましたけれども、校舎も先生たちの大部分も国民学校の延長なのです。校長先生だけは、旧制中学の先生が校長として着任した。それ以外の方々のほとんど全部は、国民学校の先生か学校を卒業して初任の方でした。東北帝大の理学部を終えたあと法文学部の学生だったD先生、旧制二高を卒業して東北大受験を控えたC先生が、新鮮な知の雰囲気を伝えてくれました。一まわり年上のS先生は旧師範出身なのに公私ともに教師らしからざるところのある方で、私たちが高校生の頃から兄貴分、あるいはお互いに全くの同期生仲間扱いの交流が、亡くなられるまで続きました。そういう中で三年間過ごしました。

敗戦、そして占領下、日本社会の激動期だったのですけれども、上級生がいないというせいもあって、社会への関心というのはまるっきりありませんでした。六年生プラス、順々に数が増えていって、最後は九年生になるという感じですから。一九四九年の七月と言えば、社会的には下山事件、三鷹事件、松川事件などが続発する大変な時期ですけれども、そういうものへの受信力は持つべくもない。新聞の見出しなんかの記憶はありますけれども。一年前に生まれて仙台一中にすでに入っていた、そしてそこで六年間を過ごす一年次上の一高生とは、万事について、その少年前期がまるごと違っていたということになります。

私は、だからといって新制中学の三年間を、無駄足を踏まされたとはまったく思っていません。現に、七、八人から一〇人ぐらいの当時の仲間たちとは、私が東京住まいになってからも盆暮帰るたびごとに、みんなが集まってくれた。大学に行き大企業の勤め人になって支店長、という仲間もいないわけじゃないけれども、大部分は職人さん、ないしはそれに準ずる職業です。中には本当に「極道」生活に入って、刑務所から出て来たI君ですが、あるエピソードがあって、私と彼とが二人で同期会の幹事をやるようになった。全然知らなかった「世間」との接点をつくってくれた友人たちには、感謝しています。東北大学固有の大学問題(六四—六五年)時点では苦しいことはなかったけれども、六八年から七〇年にかけての大学紛争になると、確かに、何が起こらないとも限りません。そのころ私が学内で閉じこめられているとき妻に電話してきて、「何かあったら言ってくれ。昔の仲間で堅気になっているのが三人や五人いるから、樋口の救出に行くから」なんて、半ば本気めいて言ってくれるような仲間たちに恵まれたということを感謝しています。そういう意味で、いい三年間でした。

こうして、最初にとりあげた仙台一高の話になるということです。

——先生が八月一五日の玉音放送を聞いた時、どういう状況だったかは、ご記憶ですか。周りの大人の人たちなんかは。ドラマだと泣いている人がいたりしますが、そういう感じでもなかったですか。

樋口　あの時は無感動ですよ。ラジオを運ぶ余裕などなかったから、馬小屋疎開をさせてもらった家の庭先でのことでした。

父の大学観のこと

蟻川　いわゆる博覧強記というのとは違うのかもしれないですけれども、先生が幼いころの記憶を保存されているのは、私には真似できないことなので驚くばかりです。

先生からは文部省に対して大学がどう対するのかという話を、何回か伺ったことがありましたが、それが父君の話だったということは今日初めてお聞きしました。樋口先生の固有の思想だとずっと思っていたので、そういう影響があったというのは意外でした。先生がご自分で鍛えてきたもの、もしくは、それこそヨーロッパの社会科学の考え方とか東北大の同僚たちの考え方から学ばれたものかと思っていました。お父様だったとは。理系の先生だけに、どういう形でそういうふうに……。やっぱり、東北大アカデミズム、ある種の権威主義というものがそう考えさせていたんでしょうか。いかにも樋口陽一先生らしいと思っていたので、こういうお話を伺うと、本当にいろいろなところからつながっていることが知られて面白いです。

樋口　父は私が最近になって初めて見た岩手大学の古い刊行物の中で生協改築問題に触れて、

私は学長が本省に行ってある件を請願または懇願する問題というのは、決まっていると思っていたのです。それは大学の――岩大だけのことに限らない――大学の大事である。また本省におけるその相手も決まっていて、それは大臣か、やむを得ない場合次官であるという考えなのです。普通の問題は大学の事務局長または部課長がこれに当り、本省の窓口で係長、課長、あるいは局長と談合すればよいというのです〔註記―有能な事務機構の努力あってのことでしょう。父の在任中も、岩大の制度整備が着実に進んでいます〕。私は、この私の鉄則を守ることが大学を守る所以であると信じていました。生協代表者、果ては評議委員有志諸君の会議の席上では、私の意見に直接反論はなかったように記憶していますが、私に好意を持ってくれていると思っていた人々をふくむ多数の諸君が、私の態度に不満を持っていたことは間違いのないことでした。……また、大学紛争当時、外部のある有力者と数度の面談の勧誘に応じなかったことも、形は違っていますが、大学を守るという同じ精神から出たものなのです。

関君も、……

「関君も」というのは、法学担当の関文香教授が教養部長をしておられて、この方のことを父は好きで、関さんも父を、尊敬と言うとおかしいけれども、そういうふうに見てくれていた人なのです。

関君も、私の態度に不満を持っている一人と見ていましたので、当時、確か学長室で二人きりになった時に、私は同君に微笑を浮かべながら「ブルータス、君もか、と言いたい」と申しました。同君も、何も言わず微笑していました。これは君にはわかってほしかったという期待によるもので、その願いは私の無理な考えと言わねばならないものであったでしょう。

と書いています。この二〇行ほどは、関さんが定年退職される時の感慨を誌した「送関文香君」という文章の書き出しに近い部分です。［なお、学長としての父の言動は、新制度大学の発足・離陸準備期の状況下でのことであった。当時のことについて、藤田信勝『学者の森(上)(下)』(毎日新聞社、一九六三年)による、諸大学をめぐった上での問題提起を参照。岩手大学長との面会記は下巻一八、一九、二七頁。――追記］

蟻川　私は樋口先生のお父様についての認識を新たにしました。樋口先生そのもののような気さえします。樋口先生から影響を与えているということはないですか。

樋口　それは全くありません。父親が現役時代に自分の仕事について家庭で話すということはそもそもないのが普通でしょう。父の言動は全面的に尊敬していた本多先生を見ていたからなのかな。

蟻川　そういうことですか。きょうのお話でも理系の一族であるということがはっきり述べられていましたけれども、そういうなかで、樋口先生の学問のというか人格のというか、私が本当に畏敬する部分の一番のものの一つは、大学人としてのといいますか、節操、そういう言葉ではなかなか言い尽くせない、強さとかこわさでもあるものなんですけれども、想定していなかったオリジンの一つにお父様があることを知って、樋口先生をより立体的に感じられた気がします。

樋口　父親と男の子というのは、両方とも元気でいる間は対話はないのが普通じゃないですか。話をすることはないですよ。

蟻川　全くそうですね。

II　仙台をベースキャンプとして
――「西洋」初体験をはさんで

0　ファム・ファタル――ドイツ語びたりからフランスとの出会いへ

新制仙台一高でドイツ語とドイツ文化に接したとはいっても、旧制高校に比べればはるかに小さい密度でのことでした。それでも、おきまり旧制二高スタイルのマントに高下駄、丸善支店で求めた亀の子文字のレクラム文庫を市電の中でめくったり、そんなことに誰も気づいてくれないのですが。幼稚なスノビズムをたのしんだりしていたのです。大学に進んで次はおのずとフランス語ということになり、ここでフランスという femme fatale と出会うことになります。もとより「運命の女」とは反語的語法でのことですが。

どちらにせよ、高校と大学で同じくらいの密度で二つの言語を学び、それを通してそれぞれの文化の一端に触れることができたのは、幸でした。岩登りの三点確保のようなものでしょう。

1　東北大学法学部生のころ――「大教授時代」の「一般学生」

理系家族の中で法学部へ

仙台一高で旧制二高生まがいの三年間を過したあと、一九五三年東北大学に進んだのは全く自然のなりゆきでした。しかし法学部を選んだのは自然ではありません。父(のちに弟も)と三人の義兄もすべて自然科学系でしたから。それでも父親は何も言いませんでした。おそらく、学部長会議などで同席の機会が多かった中川善之助(民法)、石崎政一郎(社会法、フランス法)両先生に接して、人文社会系に対して懐いていたかも知れぬ偏見(?)めいたものが敬意に変わっていたこともあったのでしょうか。

「大教授時代」という、それこそ時代がかった言い方をあえてしますが、法文学部時代にまず文・史・哲系がそうでした。漱石門下の阿部次郎、小宮豊隆の名だけを挙げておきますが、鷗外嫡流の医学部教授・太田正雄(木下杢太郎)とともに『芭蕉研究』『俳諧研究』を生み出す会合を、仙台で主宰していたのです。

私が入学したころ「時代」は法学系に及んでいました。勝本正晃(民法。定年前に退職され集中講義だった)、小町谷操三(商法)、石崎政一郎、中川善之助、木村亀二(刑法)、清宮四郎(憲法)……と続く諸先生です。学生たちにとって、佐藤春夫が「三田の時代を慕ふかな」「孤蝶、秋骨はた薫　荷風が顔を見ることが　やがて我等をはげまして　よき教へともなりしのみ」とうたったのにも似た環境でした。

それでも、世の中に無関心で恵まれた身辺環境に甘んじていられる状況ではありません。入学した一九五三年の七月に漸く朝鮮半島での休戦が成立したばかりですし、同じ年の一二月が松川事件第二審の仙台高裁判決で、最高裁による破棄差戻判決を経て無罪確定となる一九六三年まで、仙台は支援活動のいわば集約地点だったのです。

「一般学生」の青春謳歌

そういう大状況と無縁でいられないにしても、類は友を呼ぶというか、私の周辺の多くは、全国(北海道から関西にかけてが主ですが)から集まった、親もとから離れて学生生活を満喫しようという仲間たち、当時の言い方では「一般学生」でした。私自身にとっては高校三年でやって来たことを少しだけオトナっぽく繰り返す、といった感じですが、仲間の大半にとっては、もっと新鮮だったはずです。

その中で仕切り役となったのは新潟を故郷とする佐藤正之で、卒業後も含めて幹事役を背負ってくれた。秋の大学祭の一環として法学部学生が模擬裁判劇を催すしきたりがあり、法学部長と高裁長官と高検検事長が年ごと輪番で講演してくれるような行事なのです。私たちの年次が会場を学内から市公会堂に移して二日公演にしたのも、彼の実行力あってのことでした。故人となった佐藤のために言いますが、彼は遊び上手だった反面、「一般学生」ではあっても宮城刑務所に松川事件の被告人の面会に行くほど、まじめさの持主だったのです。

卒業謝恩会を学内から市中に出て戦前からの洋食店の昼食会で催したときも彼（と私）が幹事で、学部長の木村亀二先生が教授会の皆さんに出席をすすめられた上に、「卒業祝のプレゼントだ」と言われて、私たちと同世代の芸妓さんをつれてきて下さった。彼女がのちに女主人となった料亭・春日はわれわれ何人かのこころの故郷として、あとあとまでのつどいの場となりました。小田滋先生が国際司法裁判所を退かれ仙台に戻られたときの仲間うちのお祝いの席には、店を閉じて引退していた彼女にも同席してもらったほどです。

入学時の最長老は小町谷、石崎両先生で、それぞれの時期の学生が「御三家」と呼んでいたのは、私の学年では、中川民法、木村刑法、清宮憲法です。それに続いて高柳眞三（日本法制史）、津曲蔵之丞（民法）、伊沢孝平（商法）、柳瀬良幹（行政法）、斎藤秀夫（民事訴訟法）、折茂豊（国際私法)、祖川武夫(外交史、国際政治)、世良晃志郎(西洋法制史)、鴨良弼(刑事訴訟法)、小田滋(国際法)の諸先生で、廣中俊雄(民法)、宮田光雄(政治学史)両先生は私たちの年次が着任初講義だったはずです。加えて、黒田覺(国家学)、碧海純一(法哲学)両先生の集中講義が、それぞれの意味で個性ある内容で、学問知への関心を刺戟されました。

そういった中でも、定年も間近であられた石崎先生のフランス法を受講できたことは、ごく小人数の講義という特権の恩恵があったればこそ近いところで接することができたわけで、私の人生を決定的に方向づけることになりました。

2　パリ一九六〇―六二とその前後

2―1　パリ以前

清宮門下生として研究歴の出発

一九五七年三月の卒業を前にして、清宮先生に、大学院に進学して憲法の勉強をしたいと申し出ました。憲法講座の助手として既に針生誠吉、尾吹善人の両先輩がおり、三人目の特々例をあえて願い出るほどの自信は及びもつかなかったからです。

清宮先生への願い出も、石崎先生の口添えを頂いてのことでした。清宮先生はモーリス・デュヴェルジェの Themis 叢書の概論書をもうお持ちで、フランスは新しい世代が出てきているようだから面白いだろう、と励まして下さいました。研究者をめざすお手本としてG・イェリネック、そしてH・ケルゼンとC・シュミットが身辺でいわば必修的だったことは、のちのちに向って有難いことでした。

在仙門下生の最先輩は戦中在学・兵役世代の作間忠雄さんと丸山健さんでした。菅野喜八郎さんの議論はいい刺戟になったし、旧制仙台一中で配属将校と衝突して中国の東亜同文書院に「亡命」した経験を持つ針生誠吉さんの議論は迫力がありました。南原繁ゼミ生の相沢好則さんは戦後はやい時期に東北大の大学院に在籍されたことがあって、その戦時体験をあえてユーモラスに語り、教わるところ多かった。

博士課程に進むときの中仕切りの語学試験を仏・独で志望したのに、教務係の思い込みで仏・英を出題されてしまいました。これで答えるから結構(八甲田春スキーの予定があった)という主張は却下され、翌日ドイツ語の出問を用意するからそれで答えてくれ、と言われました。そんなことを今だに憶えているのは、翌日の独文和訳の二問の一つはヴェーバー、もうひとつはヘラーらしいこと、従ってそれぞれ出題者がどなたかも見当がついたことに、自得の思いをしたからです。

ミルキヌ゠ゲツェヴィチの *Droit constitutionnel international* の全面改訳の読み合わせを小田先生と逐次全篇通して仕上げたのは、この時期、私の留学の前です。世界中を飛びまわっていた先生と、一〇回余にも及んだ読み合わせでした（有信堂から『憲法の国際化』として一九六四年刊）。それ以後、先生は万事につき私を「外」に向かって押し出して下さることになります。

世良ヴェーバーと岡田マルクス

この時期、そしてパリ留学をはさんで次の時期にかけて、二つの読書会が私の知的な基礎体力を鍛えてくれました。ひとつは世良先生が主宰するヴェーバー研究会で、創文社版の訳業『都市の類型学』と『法社会学』の内容が、先生の頭脳の中で精確な日本語表現となって立ち上ってくるのを毎週の土曜日午前、目のあたりにしながら参加できたからです。

もうひとつは、岡田与好さん（一九五六―六七年の間、経済学部在任）を囲んでのディーツ版『ドイツ・イデオロギー』読書会です。これは六五年「本学問題」（後出四九頁）への対処に妨げられて長つづきしませんでしたが、岡田さんの人と学問への深い信頼のきっかけとなったという意味で、私が得たものの大きさは、忘れることができません。彼が提起した「営業の自由」

論争とのかかわりについては、改めてとりあげるでしょう。

2-2　フランス政府給費生としての二年間

石崎、カピタン両先生に導かれて

石崎政一郎先生がフランス政府給費留学生の競争試験《コンクール》を腕試しに志願したら、と奨めて下さいました。一九六〇年三月、第一次筆記のあと間を置いた第二次面接の試験があり、選考委員《ジュリー》は、日仏会館「フランス学長」だったルネ・カピタン先生のほか、石崎、野田良之、高橋幸八郎、前田陽一の諸先生という豪華な顔触れでした。面接から更に日を置いて文部省の掲示スペースでの合格者名の中に自分の名を見つけたときの「まさか」の驚きは、忘れることができません。何しろ当時はと言えば、「ふらんすへ行きたしと思へども／ふらんすはあまりに遠し」と詠んだ萩原朔太郎の頃よりも、敗戦国日本の青年にとってはもっと遠いフランスだったのですから。

カピタン先生との出会いは、西欧知識人の尊敬すべき生き方の典型と身近に接する機会となりました。学者の家系に育った先生は、両大戦間期の論著で才気溢れる学問上の資質をいち早く発揮され、カール・シュミットとの交流があったのはその頃です。反ナチス抵抗活動の中でドゴール将軍と深い信頼関係で結ばれ、自由フランス臨時政府から戦後最初期にかけ文相として教育刷新の任に当たります。その後も、アルジェリー解放運動に対する派遣軍支配下の官憲によって、もと学生だった弁護士アリ・ブーメンジェルが「消された」事件で、先生は時の文相に公開告発文を発し（一九五七年三月二六日）、抗議のためにパリ大学の講義を停止しました。先生が日仏会館に赴任してこられたのはそのような脈絡があっての、私にとっての大きな幸運だったのです。

こうして、一九六〇年一〇月から六二年七月までの留学生活となります。二五歳の誕生日を過ぎたばかりの若ものが、公表した日本語論文すらないまま、いわば手ぶらで「西洋」と向き合うのです。給費留学生として先輩の深瀬忠一さんは分厚い封書でいろんな体験や心得を教えて下さり、石崎先生のお嬢様の島崎陽子さん夫妻や、ご夫妻が紹介してくださったフランス文学の小林善彦さんから、助言とお励ましを頂きました。

私はその前年、五九年秋に妻・晟《せい》子（旧姓高橋）と結婚しており、フランス政府保護留学生（費用は出ない）の試験に通って、同行できることになりました。妻は同学年で文学部、新明正道先生の大学院生として最後の門下生、留学のあと東北福祉大学で教授をつとめました。父親の高橋剛彦は、盛岡中学から弘前高校に進み、作家・石上玄一郎の作品の中に左翼生徒として登場するような時代体験を持つ人物でした。東北大学では宇野弘蔵先生に私淑し、本多光太郎先生の総長秘書をつとめたあと先生のかかわる地元金属関連の企業で戦後を迎え、「左」の経営者として日中友好運動にかかわっていました。双方の父親に共通するのは本多先生とのゆかりであり、増本量先生ご夫妻に媒酌人としての労を執って頂きました。

パリへの旅立ち

こうして、仙台からパリへ、旅立ちました。「東北大学」を説明するとき繰り返していた決まり言葉を思い出します。いわく、――「奥州王」として一七世紀はじめローマに使節を派遣した君主が築いた城下町が Sendaï で、Tôhokou 大学はそこにある日本で三番目に出来た――但し中身はそれぞれが一番目と思っている――université impériale なのさ……。

留学が決まってから出発まで六カ月の間にしなければならないことが余りに多く、船旅には到底間に合わないため、就航してまだ何年目かのエールフランス北極まわり便で旅立ちました。六〇年「安保闘争」がようやく終束しつつある中で浅沼稲次郎・社会党委員長が講壇上で少年に刺殺される、という衝撃的事件があったばかりでした。日本をあとにして降り立ったパリは、黒ずんだ秋の街並みがむしろ「古都の安定」さえ感じさせました。

表層の安定と旧植民帝国の苦悶

しかしもとより、そういう表層の下で、アルジェリー戦争をかかえた旧植民帝国の苦悶が、OAS＝秘密軍事組織のテロ行為となってフランス社会をゆるがしていました。左翼ゴーリストの小政党UDT（労働民主同盟）を主宰していたカピタン先生や、『ル・モンド』紙で政治評論の筆をふるっていたデュヴェルジェ先生の自宅にプラスチック爆弾が仕掛けられました。そういうときは、直近の講義の始めに同僚諸教授がガウンに正装して教壇に並び、連帯の意思表示をするのです。

大詰めになった六一年四月、植民地アルジェリーでフランス将官四名の指揮下の派遣軍の反乱が起こり、ドゴール大統領の“Aidez-moi”で締めくくる国民への呼びかけに応えてゼネストが組織されました。大学でも教授集会が開かれ、憲法担当のジョルジュ・ヴデル先生が簡潔な発話をして、「選択しなければならない。フランスの教授団は選択をした」、と結びました。オデオン座を主宰するジャン＝ルイ・バローとマドレーヌ・ルノーの対話詩劇『戦争と詩』の天井桟敷にいたとき、近くにいたひとりの青年が反戦・反植民地活動のビラを撒いて走り去ったのも、このころのことでした。

日常の方も、小田実さんの「何でも見てやろう」式で、ある寒い朝トロツキー夫人の葬儀がパリ・コミューンで名高いペール・ラシェーズ墓地であったときに出かけ、アイザック・ドイチャーの葬送の言葉を聴きもしました。日本人らしいのは私と妻だけで、「日本の同志たちと連絡をとりたいのだが……」、と話しかけて来た中老の参列者を失望させてしまいました。

生きている間にもう一度来ることができるかも定かでない、そういう時代のことです。自分自身が重度の金欠病にかかっているのは当然として、日本自身がまだまだ貧しかった(一ドル三六〇円の管理通貨制)のですが、それでも精一杯、ドイツ、オーストリア、スイス、イタリア、オランダ、ベルギー、イギリス……と旅行しました。加えて帰途は、航空運賃がパリ→東京の直行と同額ということを知り、パリ→モスクワ→ニューデリー→香港と回る経路にしました(往路の旅費は出ないのですが、帰国旅費は留学生試験の「成績優秀者」に限って、航空機の普通運賃が支給されたのです)。三つの中継点では、社会主義の現実、せめて山麓のダージリンから眺めるカンチェンジュンガの山容、そしてイギリス帝国主義のアジア支配の象徴香港、を見ることがお目当てでした。帰路のことを早々と話してしまいましたが、パリに戻りましょう。

芝居、コンサート、オペラは天井桟敷の常連ですが、それでもたとえば名女優マリー・ベルを遠望できたのは自慢のひとつです。そうした中で小田滋先生が何度か寄られたときには、オペラ座の一等席でご相伴にあずかること一度ならずでした。

本来の話題、大学のことに入りましょう。

法廷弁論術に通ずる講義

まず、講義の古典的スタイルです。cours magistral と呼ばれる、教師独演のやり方で、フロックコートの先導職員(appariteur)に伴なわれて教壇につくと学生たちの出入口は施錠されます。教師は黒いガウンを着用(儀式の際は赤色のものになる)するのですが、デュヴェルジェ先生の講義(大学院)は例外でガウンなし、クリスマス休み直前の週だけ着ていました。多くの講義は速記者が記録し、教授が点閲したものが予約販売され一週間ごとに分冊をひき取りに行く(polycopie という)。

そういう講義の仕方は、法廷弁論術の伝統を引いたものだったでしょう。文学部の講義でもレイモン・アロンの『産業社会一八講』はむしろ法学部流でしたが、ジョルジュ・ギュルヴィチの社会学講義は、考えながら大きくはない声で語る、といった風でフランス初滞在の私の聴きとり能力ではついてゆけませんでした。

論文も、まして口頭の報告は clarté, simplicité, élégance ── 明快・単純・エレガンスをよしとし、複雑に入り組んだ対象を切り分ける台所は見せない、客に出す料理は美しく仕上げられているはずだ、という一種の規範を感じとりました。自分自身のことになってみればそれは不可能事で、一つまちがえると戯画的になってしまうのですが。

講義のことに戻りますが、私の渡仏と同時期にパリの教壇に復帰したカピタン先生は政治家としての活動も超多忙でしたが、休講があったという記憶はありません。廊下などで挨拶すると、“Venez ce soir”――今晩来なさい、ということになり、お歴々数組のご夫妻たちの食卓の隅っこで妻ともどもご馳走にあずかることも一再ならずでした。

留学生としての先輩に遅塚忠躬さんと二宮宏之さんがおり、このぬきん出た西洋史家二人との学問上の交流と人間としてのふれあいの始まりという幸運を得ました。一年あとの給費留学生としてやって来た稲本洋之助夫妻との交友は、帰国後、東大社会科学研究所での共同研究や東北大への非常勤出講など、お互いの職場での仕事を交叉させる中で続くことになります。

外国からの留学生として、鄭成培さんとの出会いが私にとって大切でした。Betrand Chungとしてフランス国籍を得た彼のことです。逸材として嘱望されていた中でＫＣＩＡの手により韓国に連れ戻され、フランス政府の抗議によって原状回復されていたのです。彼はのちに、社会科学高等研究院の日本分野責任者として、クリスチァン・ソテール（フランスの日本研究者でジョスパン政権の閣僚もつとめた)と私の共編著*L'Etat et l'individu au Japon*, Editions de l'Ecole des Hautes Etudes en Sciences Sociales, 1990の推進役となってくれました。

一九六一年夏ハイデルベルク

二年間の西欧滞在の間、私にとって特別の意味を持つことになる学会参加がありました。一九六一年夏、ハイデルベルクのマックス・プランク研究所が催した憲法裁判に関する国際コロキウムです。旧知のモースラー所長から日本の参加を求められた小田先生(二人とものち国際司法裁判所裁判官となる)が、清宮先生の報告を私が仏訳して参加する、という段取りをつくって下さり、カッコつき参加ながらも国際学会の初体験となったのでした。フランスからの参加は、シャルル・アイゼンマン教授とレオ・アモン教授で、両者ともカピタン先生の盟友で、一介の大学院生の話相手になってくれました。

パリでドイツ人学生に会話相手のアルバイトを頼み、にわか仕込みの話し言葉で接したマルティン・ブーリンガーさんは、三〇年あとワルシャワでの国際憲法学会の座長役のときスペインからの総括報告者の無断欠席であわてた私のために、deus ex machina(急場の救いの神)を演じてくれることになります。当時のことですから夫人同伴が多く社交的な雰囲気で、東ドイツによるベルリンの壁建設のさなかだった筈ですが、そのことを意識しないほど平静だったことが、奇妙な記憶です。

2-3　帰国して

二年半の醸造(?)期間

一九六二年夏に帰国し、博士論文を書いて六四年四月から母校でフランス法の常勤講師をつとめる一年間を含め、中間的期間となった二年半です。三〇歳にして初めて給与収入を得たのですが、部内で「一年講師」と呼ばれていたポストで、まだ就職したとは言えません。石崎先生のあとフランス法の講義の責任者となっていた労働法の外尾健一先生があとで、「何年でもツナギに推薦するつもりだった」と言って下さった。

六五年四月に助教授として教授会構成員に任じられるまでに書いた仕事は、四本でした。①「第四共和制フランスの議院内閣制についての一考察」を副題とする「議院内閣制における多数派と選挙制度」はパリで清宮先生退職記念の『法学』(一九六二年)のために書いたもの、②「現代の「代表民主制」における直接民主制的諸傾向」㈠㈡と、③「フランスにおける憲法学の政治学的傾向」㈠㈡㈢はそれぞれ六四年と六五年の『法学』にのせ、④「「憲法変遷」の観念」(一九六四年)は、世良先生の推挙を得て岩波書店の月刊誌『思想』に発表することができました。『思想』にはその後も論稿を求められることがふえ、書きものの性質は違いますが『世界』誌上に論説を出すことも、ふえてゆきます。安江良介さんから山口昭男さん、岡本厚さんへと編集長とのおつき合いも長くなってゆきました。

G・マルツェル――終生の友

その頃まだ多くはなかった「フランス帰り」ということで、来訪賓客の接遇のお手伝いをするなど、フランスがらみの日常が続く中で、特に、フランス語・文学の「外人教師」としてやってきたジェラール・マルツェルとは、終生の友となり、私の研究上も、一貫して貴重な助力を得ました。彼のおかげでフランス文化のオモテ・ウラの面白さの一端を会得することもできました。論稿の修文を頼むと、文法上看過し難い過ちだけを直すのが彼のやり方でした。

ジェラールは一九六五年から六年間の東北大学在職の間、山形大学にも出講し詩人・真壁仁さんたちの輪にとけ込んでいました。厳冬の黒川能に魅せられた彼にすすめられるまま、私も何年か続けて黒川詣でを共にしました。彼の関心のほどを知った私は、そのころ始めていた観世流の謡曲と仕舞の師匠のもとに彼を誘いこみます。こうしてジェラールは帰国後ルネ・シフェールさんのもとで、黒川能を主題とする博士論文を公にして日本学者に変身してゆき、Langues-O（ラングゾー＝パリ大学東洋言語・文化研究院）の教授としての責任を担うことになります。彼は仙台離任のあとも東日本大震災の年を含め文字通り毎夏、中尊寺（平泉）薪能の定例日をはさんだ一カ月を東北で過し、二〇一四年八月仙台で客死（就寝中）しました。

「ねがはくはみちの奥にて夏死なん　その葉の月の望月のころ」――わが友、碧い眼の西行の枕辺に寄せた私の戯詠です。

もともと、カピタン邸の食卓で能についての話題を向けられたとき満足に答えられず、胡麻化しの会話ですませたことを恥じて、帰国匆々、稽古を始めていたのです（その後、同僚となった藤田宙靖さんがすでに観世流の心得のあるのを知って稽古仲間にひっぱりこむ）。求職論文を書きながら習い事を始めたのは、よほどの覚悟だったのでしょう。例えば、はるか後の一九八九年パリ報告（後出）で下敷とした比較文化論まがいの言及が全くの付け焼刃でなかったとしたら、何がしかの功徳があったのではないか、などと思っています。能に深い造詣を持たれていた宮沢俊義先生の没後、奥様から、わざわざ布張りの帙を誂え直して下さった上で頂戴したご愛蔵の金剛流能面写真集（能五番一〇組であわせて五〇葉）は、私にとって最大級の宝物となります。

留学の間は夢中で「西洋」の歴史と現在を手さぐりする思いで、充実感の連続でした。しかし、その期間を含め学部卒業この方、一九六五年の就職までの八年間、不安でなかったどころではありません。不安は現世的なことより以上に、研究者として一本立ちしてゆくだけの自分の資質への自信を持つには程遠かったのです。幼児期の健康不安に加えて長引いた初等教育期など、高校以前の段階で万事におくての自分だったからでしょう。

帰国してからはたしかに、諸方で大学の開設や整備が進みはじめていましたから、働き場所への誘いがなかったわけではありません。そんな中で、帰国後なお一年半残っていた在籍必要期間（当時、在外中の期間は博士論文提出に必要な在籍期間の計算から除外されていた！）を大切にして博士論文を仕上げるよう、「行くに径《こみち》に由らず」という言葉を私に思い出させて下さったのが、祖川先生でした。当時の自分自身をふり返ると、丸山健さんという兄貴分夫妻と対座浅酌の折を得ては心を晴らすこと屢々でもあったのです。

3　母校教授会の一員となる

講義と著作

一九六五年四月、法学部助教授として教授会の一員となりました。東北大学法学部のハビトゥスに従って、教授と助教授は同一の権利と義務で遇されます。学部長交替時などの懇親宴への出席と費用負担についてもそうでした(私の知る限り二次会以降も)。

清宮先生は私の留学中に定年退職されており、憲法講座には一九六五年に小嶋和司さんが着任します。私は初年度は前年に引き続きフランス法を講義し、六六年から国家学講座(戦前は河村又介先生が担当されていた)に属し、比較外国憲法の講義を担当することになります(のちに同名の講座が増設)。

小嶋さんとは、私の方からの限りでふり返って言えば「君子」の間柄だったと思います。「交わらず」と見えていたかも知れませんが、小嶋さんの短期在外研究の折にはパリでお世話し、復活祭休暇の時期でどうしてもホテルをとれなかった日については私のイギリス旅行中不在の宿を提供もし、二人でハーグの小田先生を訪問した思い出もあります。小嶋さんの存在とその学風が私にとって適切な意味での緊張をもたらしたことに、感謝しています。

講義ノートをもとにして一九七七年、青林書院の現代法律学全集の一冊、『比較憲法』を公刊しました。その前に、助教授に選任される以前発表していた前記の四論文を基礎にして、一九七三年に『議会制の構造と動態』(木鐸社)と『近代立憲主義と現代国家』(勁草書房)を出し、後者は一九七五年度日本学士院賞を受けました。この本では、私をフランス学の世界に導いて下さった二人の恩師、この時点では白玉楼中の人となっておられた石崎、カピタン両先生への謝恩の辞を扉に記しました。

三〇歳で漸く定職の場となった東北大学法学部は、自由闊達そのままの、しかし研究者としても大学人としても緊張に充ちた環境でした。ポスト大教授時代、かつての「御三家」から例えば「民法三羽烏」(年齢順に幾代通、鈴木祿彌、廣中俊雄)へ、という各分野での世代交替が可能だったことについては、中川先生の「きわめて大胆」で「異例の内容」の提案に負うものだった、という世良先生の証言があります(『法学セミナー』臨時増刊『中川善之助・人と学問』一九七六年四月)。

「本学問題」と「大学紛争」の中で

私が教授会構成員となったその年、大学は、「昭和四〇年本学問題」と呼ばれることになる難問に直面していました。宮城教育大学設立に伴う教育学部教員養成課程の分離、それと連動して農学部移転という問題で学内が紛糾し、その渦中で学長の(事実上引責)辞任で漸く拾収されたのです。

その間私の周囲では、世良学部長、廣中・外尾評議員と経済学部在任中の岡田与好さんなどが中心となって、大学自治についてのコンセンサスが理科系を含め全学的に形成されつつありました。そこに六八―六九年に、東京大学にとっての「本学問題」だったはずのものが全国的な――加えて世界的な要素を含む――「大学紛争」となってゆきます。

「大学紛争」に先立って「本学問題」をくぐりぬけていたことは、東北大学にとって無意味でなかったでしょう。六八年に学生活動の相方となる全学委員会(「補導協議会」という時代ばなれした名称だった)に送り出され、主として学寮問題での学生側の主張と対面することになりますが、もう一人の委員として宮田光雄先生との組合せだったことは、私自身の大学観を固めてゆくに当って大きな好運でした。

新しく選任された本川弘一学長(生理学の泰斗)の下で、学寮問題の要求に関連して学生集団が片平キャンパスの本部事務局前キャンパスを埋め尽くす状況が起こりました。深更に及ぼうとする中で、後日の「学長会見」実現のための尽力を約束することで解散させることができたのですが、そこでの宮田先生の判断と決断力に感銘を受けました。

案件を持ち帰った正規の教授会で、最長老だった柳瀬先生の冒頭発言が〝両君が判断したことだ、他学部に先立って態度を明らかにしよう〟という趣旨だったと記憶します。万一否決されたら二枚辞表、つまり委員辞任に加えて助教授辞職を覚悟していた中でのことでした。

補導協議会はその頃、学生諸集団との接点となって会議と「団交」の連続でした。学生部長の加藤陸奥雄さん（理、のち学長）のもと、望月礼二郎（法）、芳賀半次郎（経）、鈴木次郎（理）、村岡俊三（経）、田原音和（教育）、斎藤一夫（理）、森田章（理）、山本敏行（医）、山口格（工）、志村憲助（農）、日沼頼夫（歯）といった方々とは、おたがいの年齢差を超えて、いわば「戦友」（古典的な戦時国際法での）の連帯感がありました。西田秀穂さん（文）は痛烈な論敵となること少なからずでしたが、親しくなることの邪魔にはなりませんでした。理系の方々の中でも特に日沼さんとは、その最晩年近くまで、折にふれ京都で浅酌歓話の機会を重ねる幸運に恵まれました。のちにパリの街路での再会のあと特に、なのですが学問と大学についての認識を深め合う仲となる岩崎俊一さん（電気通信研）との交友も、この時期の共有体験があったればこそ、でした。

「会見」ないし「団交」相手だった、もと学生たちの少なからぬ何人かとは、その後も親交が続きました。有数の大企業のトップとなって引退したS・O君や、芸術文化関係の大手企画企業のオーナー社長となったS・M君など、など。何よりも私自身にとって、学生運動との接点に立った現場体験が、自分なりの大学観、職業観を持つことに導いてくれたように思います。幸いにも、そのころ書いたもの（『何を読みとるか――憲法と歴史』〈東京大学出版会、一九九二年〉所収）に対面して、遡って書き直さなければ、と感ずるようなところはありません。

4　学会、内外大学出講、その他

所属大学の枠を越えた研究会、学会、内外大学への出講、論壇とのかかわりも多くなってゆきます。

雑誌『社会科学の方法』、そのほか

まずもって、大学をめぐる環境が「本学問題」から「大学紛争」へと移ってゆく中で発足した「社会科学の方法についての研究会」が、私にとって重要でした。世良先生と岡田さんを中心として始めた研究会は、マルクスと非マルクス、旧講座派と宇野シューレの境を越えて学問間の「対決」を目指そう、というものでした。ヴェーバーやケルゼンの方法に親しんだもの相互の間でも考えは一様でなく、はげしい論争に発展したものもあります。

お茶の水書房の協力を得て、研究会報告に加え全国規模で論争提起や反論の出稿を求める小雑誌『社会科学の方法』を編集し、一九六八―八三年の間に通巻一四七号を出しました（最初期は隔月刊）。毎回の編集委員会は原稿依頼の結果としての誌面についての自己評価から始まり、ひいてはお互いの学問論に及んで夜半まで続く、というならわしになりました（発足時の編集委員は世良先生はじめ吉岡昭彦、田原音和、芳賀半次郎、加藤栄一、細谷昂、樋口で、望月礼二郎が研究会幹事として加わる)。東北大から東大社研に移ったばかりの岡田与好さんが提起した「営業の自由」論争に際しては、この雑誌が主要な役割を引きうけています。編集者としてそれを下支えしてくれた能島豊さんがのちに立ち上げた木鐸社の発足時に、岡田・樋口に加え山室信一さんが議論を主導し、『鼎談 政府・国家・民族――丸谷才一『裏声で歌へ君が代』を素材として』(一九八三年)を出します。

日本公法学会の一九七〇年大会では、主権論を主題とした部会で杉原泰雄さん、影山日出弥さんと並んで報告をしています(このことについてはなお後出)。

全国憲法研究会の発足は一九六五年四月でした。その前年、憲法調査会の最終報告書が提出され、憲法改正をめぐる争点が改めて世論の意識するところとなり、憲法運用の上でも、自衛隊法の憲法適合性が恵庭事件という刑事裁判の形で争われ、札幌地裁での審理(判決は六七年三月二九日)が進行していた時代状況の中でのことでした。恵庭事件が憲法判断をあえて回避した無罪判決となり、検察の上訴なしで決着した直後といってもよい時期に開かれた六七年五月の春季学会は、「違憲立法審査権と恵庭判決」を主題としました。報告を課された私は「違憲審査制の近代型と現代型」をタイトルとして、ひたすら違憲判断を求めることによって憲法判断積極主義の枠組に吸い込まれることへの疑念を、述べています。

のち東京に出てからは歳回りからして輪番に会の運営を預かる責任を課され、星野安三郎代表との組合せで事務局長(八一―八三年)をつとめました。代表(九三―九五年)のときは、芹沢斉さんに事務局を束ねてもらい、大いに助けて頂くことになります。

この時期にはほかに、鈴木安蔵先生を囲む形で始まった憲法理論研究会、科研費共同研究としては小林直樹先生による憲法意識調査、芦部信喜先生による憲法理論研究などに参加し、それぞれ報告や分担執筆をしています。

東大社会科学研究所を拠点とする共同作業として稲本洋之助さんを中心として取り組んだフランス憲法史研究は、『一七九一年憲法の資料的研究』(稲本・高橋清徳・島田和夫・樋口、一九七二年、社研資料第五集)としてまとめることができ、社研全体としての共同研究にも参加しています。『ファシズム期の国家と社会　第5巻　ヨーロッパの法体制』(一九七九年)への寄稿の副題の中に出した「現代法思想における個人主義の役割」は、社会経済史的見方を下敷にしてまとめた『比較憲法』(一九七七年)の「はしがき」で将来の課題としてほのめかしていた「思想」、そして「個人」という視座を、正面に出したつもりでした。

民科(民主主義科学者協会)の中で法律部会が例外的に研究活動を続けてきていたのは、憲法その他各分野で戦後改革の意義がとりわけ大きかったことの反映だったでしょう。だからこそ、恒例の冬の研究合宿を作並温泉で開催した一九七一年一二月、世良先生はじめ十指に及ぶ教授会メンバーが、私の誘いに応じて合宿の一夕に加わって議論してくださったのでした。

もともと民科とのかかわりは、大学に職を得たばかりのころ熱海での研究合宿に誘われ、戒能通孝さんを囲んでの炬燵談義が強い印象を残していたからでした。それも、ひとつの研究者集団の考え方一般とは真逆の「市民」観が、その集団の象徴的存在によって説かれる、というところに、学会としての魅力を感じていたからでした。実際、「市民法と社会法」を論ずる戒能さんにとって、自由な社会関係を創り出すために「生死を賭して闘ったエリート」こそが「市民」だったのであり、法の主体となる個体も、あくまでも「自ら望む」個人に限られるものだったのです(のち一九八九年に創立二五周年を記念する法社会学会で私の報告の主題とすることになる。後出III 2)。

七〇年代に入って、他大学大学院への出講という形式で研究会交流を反復するというスタイルができはじめていました。六一―六二年にパリ体験を共有することができていた長谷川正安さんに招かれ、森英樹さんはじめ名古屋グループの若手と隔意のない議論を尽くす場がつくられてゆきます。

京都大学出講は、関西の研究者たちとの直接の交流機会としてありがたいことでした。当時一週間滞在が普通だった集中講義は、学会ごとの、いわば点の出会いとの違いが大きい。その時期、青林書院の『比較憲法』(七七年)を準備していた私が佐藤幸治さんに共編者としての協力を請うて出来たのが、同社の『憲法の基礎』(七五年)です。その仕上がりのとき、与謝野晶子の歌に詠み込まれた松島白鷗楼での歓談が、長く続くことになって今日に及ぶ佐藤さんとのゆき来のなかで特に記憶にとどまっています。

この時期、東北大在職中の最後の六カ月の間、ＮＨＫ大学講座『近代憲法の思想』で二六回のレクチュアをし、そのテキストが出されています(日本放送出版協会、一九八〇年)。そこでは「個人」を軸にした組み立てになっており、最近になって、この習作が自分にとって持っていた意味あいを再認識する面があります。

裁判官不再任事件と司法の危機

研究会のはなしに戻って、大学同期前後の法曹仲間たちと青年法律家協会東北支部のかたちで勉強会を不定期に続けていました。そのなかで、それまで司法エリートの道を歩む裁判官たちにとって自然なことであった青法協加入が、一転して外部からの「偏向裁判」攻撃の標的とされ、一九七一年三―四月、再任期に当たった宮本康昭判事補が裁判官として再任されないという事件が起きます。司法の危機状況に対する対応として、私たちの論稿を集めたのが、池田政章・守屋克彦編『裁判官の身分保障』(勁草書房、一九七二年)でした。共編者の守屋裁判官は、宮本裁判官と任用同期で、共に青法協活動の中心を担っていた一人です。私は「裁判官の「憲法忠誠」と「価値中立」」を書いています。

このとき、青法協裁判官部会としての勉強会活動の場を失った裁判官たちによって「全国裁判官懇話会」の第一回が、横田正俊・元最高裁長官と我妻栄先生を講師として招いて開かれます。ちなみに、この懇話会はその後も裁判官同士の地道な研究交流として続けられ、その二〇回目の会合に、第一回以後はじめての外部からの講師として参加を求められ、「比較憲法論から見た日本の裁判官像――その可能性と困難性」につき話した私自身、会員たちの持続する志に接し、感銘を受けました(一九九一年一一月)。

裁判官不再任事件に即して裁判の独立と政治化の問題をとりあげた前後三本の『世界』掲載論文をもとに、『比較のなかの日本国憲法』(一九七九年)を出しました。最初の岩波新書です。当時最高裁に現職でおられた團藤重光先生に、僭越さを承知しながら本をお届けしたのは、かつて先生の『法学入門』(筑摩書房、一九七三年)について新聞の「書評」欄に紹介の小記事を書いたとき、鄭重なお葉書を頂いたことがあったからでした。私なりに慎重を期した表現を通して読者に伝えようとした分析を受けとめて下さるご返書に接したことは、忘れられない記憶となります。

東北大時代最後の夏(一九八〇年)を仙台で過していたときに始まる司馬遼太郎さんとのご縁は、ここで出しておきたいことです。

司馬遼太郎さんのこと

司馬さんの『街道をゆく——仙台・石巻』(朝日新聞社、一九八五年)の一場面に、井上ひさしに案内され山形から蔵王を越えて仙台を訪ねる一九八〇年夏の旅で、井上の高校同期の三人仲間との夕食に二、三時間の遅参になることを気づかう情景があります。その中の「東北大学の教授もいる」という書き方は、初対面の前だからです。広瀬河畔の旗亭での一席のあと、ごく近くの拙宅でおしゃべりを続けたのでした。その後いろいろゆき来のことの回想は今もこころを温めてくれますが、ここでは「公」のこと(司馬さんの好きな言葉です)を語った二つの対談を思い起こします。

ひとつは「昭和六〇年」を語ったものです。そこで私は「戦前の日本の知識人のなかで、いちばんリベラルだった一人は、おそらく〔昭和〕天皇だったでしょうね」と話しており、「さっき、戦前エリートの「リベラル」ということを言いましたが、世の中全部の風むきが変わってもおれはおれだというのでなければ本当のリベラルじゃないですね」と言ったことが肝腎の点なのですが、何より自戒を含めての教訓だからです。但し、「天皇はリベラリスト」という言い切り句のキャプションを振られて、周辺で小さな物議をかもしましたが（読賣新聞、一九八六年四月二三日、二六―二七面）。

もうひとつは「明治国家と平成の日本」（月刊ＡＳＡＨＩ、一九九〇年二月号）で、バブル社会批判が内容でした。関連してつけ加えておきたいのは、『街道をゆく』の「オランダ紀行」に書き込まれたこの国への作家の愛惜の意味、加えて、マーストリヒトという小さな「司教領だった村」がヨーロッパの人びとの交通・交流に持つ意味あいに着眼した先見の明、ということです。紀行の雑誌連載は、ＥＵ設立基本条約となるマーストリヒト合意（一九九一年）が世界中の話題となる前のことだったのですから。

訪仙フランス学者との交流のはじまり

六〇年代後半から七〇年代前半にかけては、フランス政府が文化事業として派遣してくる著名学者の来日がありました。岡田与好さん（経済学部）と吉岡昭彦さん（文学部）が受け入れ役だったアルベール・ソブールさん（フランス革命史）の場合（六七年秋）もその一つでした。専門違いながら通訳者の役をともかくも果たしました。商法学者J・エマールさんに同行して来訪された小町谷先生からは、その後も折にふれ研究上の励ましを頂くようになります。

いろいろな機会に東北大学を訪れた学者との交流のなかでも、私にとってだけでなく学界にとって重要な存在となるのが、一九六六―六八年東京日仏会館の「フランス学長（Directeur français）」として在任したジャック・ロベールさんと、七五年北海道大学を中心に東北大学をも訪問したロラン・ドラゴーさんです。前者はパリ第二大学学長、後者はフランス学士院（Institut de France）会員として、仏日学界交流のキーパーソンの役割を果たしてくれることになるからです。

日本政治の研究者J・P・レーマン一家（池田清さんが招いて滞仙）との家族ぐるみの交際は、七八年私のパリ出講（後出）時にエディンバラのレーマン宅を宿として私の家族四人が合流する楽しい記憶に発展しました。私の東京転出以後も、IFRI（フランス国際関係研究所）主催で湾岸戦争下のパリで共同発題を試みるなど、研究上のゆき来を深めました。フランス大使館文化参事官アルベール・プレヴォさん夫妻とのご縁も、特にその後永く続きます。

国外の研究教育活動が日常化しはじめる

国外に出かける方について、時期を戻してふり返っておきましょう。留学から帰った一九六二年に「生きている間にはもう一度……」という感覚だったのとくらべると、時代は一〇年ほどの間にようやく変りつつありました。

留学から帰国したあと久しぶりの国外滞在先は、一九七四年三―五月のレニングラード大学と、七―八月のストラスブール人権研究所でした。両方、小田滋先生のすすめがあってのことでした。

当時のソ連は、ソルジェニツィンの『収容所群島』が世界中で評判になり、作家が国外に追われた年です。いくつかの講演や訪問をしましたが、事情にくわしくない訪問者の私にとっては、ブレジネフ体制が一定の安定と停滞をもたらしている、といった印象でした。レニングラードという、帝政ロシア以来の文化的雰囲気と生活様式を思わせる都会での見聞の限りでは、ノーベル賞作家を追放しなければならないほどの緊迫感は窺えなかったのです。

有能な日本語通訳を滞在中つとめてくれた日本学科の女子学生ガリーナ・アントーノヴァさん（彼女ガーリアは北一輝についての卒論を提出したばかりだった。その後ロ日交流の仕事につき、サンクトペテルブルクという名に戻った旧都と東京で再会する）にそう話したら、「そう思わないのは政府だけですよ」という答えが返ってきました。そのあと二〇年もしないうちにソ連そのものが消滅することになる予兆を、そこに読みとることができたのかも知れませんが、その場での私の受け取り方は、むしろその逆で、それなりに落ち着いた社会の持つ余裕、という感じ方をしたのでした。

ストラスブールの国際人権研究所は、(遡って世界人権宣言の成立にかかわった)ノーベル平和賞一九六八年度受賞者ルネ・カッサンの記念基金をもとにつくられたものです。最初のかかわりは、一九六八年創刊の機関誌第一巻四号に小田先生のすすめに従って「日本における人権保障」を寄稿したことでした。一九七四年には、実務家や若手の研究者を世界から募って毎夏開かれている人権セミナーに、聴講者のひとりとして参加し、二〇〇三年夏にはあらためてここで講師をつとめることになります(後出)。このセミナーは年を追うごとに大規模に充実し、英語、フランス語クラスの他にアラビア語のクラスも設けられるようになりました。

思いもかけず一九七五年度日本学士院賞を頂いた私は、賞金の使い途として何よりヨーロッパ再訪を考えました。ジャック・ロベールさんの計らいで、比較立法協会の年次総会での講演者の役を託され、五五年体制下の日本の統治機構の現状、そして将来に向けての可能性について、比較分析を主題に話をしました。

この旅行には、重ねてもうひとつの思い出があります。往路を私が、帰路をドイツに滞在中の丸山健さんがおともをして、清宮先生に五〇年ぶりのヨーロッパゆきを決心して頂いたからです。先生にとっては喜寿の祝いに当る年、若き日にヨーロッパ長期滞在を過された三都（ハイデルベルク↓ウィーン↓パリ）を三人でめぐった、至福の秋の一〇日間でした。

七八年パリ大学講義と出版

一九七八年のパリ第二大学（旧パリ大学法経学部）客員教授としての出講は、前年秋からの前半を深瀬忠一さんが、七八年二月以降を私が担当しました。一九八四年にＰＵＦから出版した *Le Constitutionnalisme et ses problèmes au Japon: une approche comparative* は、その際の講義をもとに二人で練り上げた書物です。章ごとに分担を明記しましたが、帰国後札幌と仙台で何度も議論を重ねてのことでした。

学位論文の審査員を経験して、学位授与の実質は教授会事項ではなく教授身分の権能であることを実感として知りました。論文提出者による公開の弁論と審査員による質疑——後者は人によっては滔々たる自論の説示になることもある——があり、別室にしりぞいた審査員の合議の結果を、審査主任が評点を含めその場で開示して、学位授与を言い渡すのです。私自身、この件で事務局と接触したことは一度もなかったと記憶します。古きよき時代のことですから、今では違ったやり方でしょう。

このときの審査対象は『日本の開国と国際法』という論著で、主査はロベールさん、私を含め五人の審査員の中には源氏物語の訳業で高名なルネ・シフェール（前出ジェラール・マルツェルの師匠格です）がいました。めでたく高い評点で合格したブリュノ・ゴルニッシュは、その足で私たちをヴェルサイユの自宅に招き、友人たちともども祝杯を挙げます（この点は、レニングラード滞在中に学位審査を見学者として経験したときも同様でした）。ちなみに新博士本人は、そのあとル・ペンの率いる政治活動にかかわって、国会議員や欧州議会議員などの経歴をふんでゆきます。

半年間パリ大学教授としての俸給を得ての滞在は、私にとっては、フランスの知的社会のいわば内側に接するはじめての機会になりました。かつての留学時点ではまだ一本立ちした研究者ではありませんでしたし、その後の往還にしても、いっときの交流という性質のものにならざるを得なかったからです。

七八年二—七月の住まいは、日本学者に変身していたジェラール（前出マルツェル）がサン＝ルイ島に fantastique な昔ながらのステュディオを見つけてくれていて、住居環境からして抜群でした。

そのパリを根拠地にして諸方をたずねましたが、その中で、深瀬さんの親友レイモン・ゴワさんを訪ねてルーアン大学で講演をしたことは、特に忘れがたいのです。そこで迎えてくれたパトリス・ジェラールとミシェル・トロペールという、その後永く続くことになる二人の友人との出会いに結びついたのですから。ミシェルがその師アイゼンマンの祝賀献呈論文集(一九七五年)に、新鮮な切り口でケルゼン理論に内側から対質する論稿を寄せていることに私は注目していましたし、パトリスとの交友は、やがて国際憲法学会(IACL／AIDC)創立(一九八一年ベオグラード)での再会以後の、大きな展開があるからです。

この時期、内外での出版物

東北大学在任中の出版物として、初期に出した論稿をもとにした二冊(『近代立憲主義……』と『議会制……』)、そして講義ノートをまとめた『比較憲法』を前に挙げました。続いて七〇年代の諸論文を再構成して『現代民主主義の憲法思想――フランス憲法および憲法学を素材として』(創文社、一九七七年)を出し、清宮四郎先生の傘寿をお祝いして献呈しました。日本の憲法状況を対象とした論稿は、主として『判例タイムズ』にのせた判例分析を含め、『司法の積極性と消極性』(勁草書房、一九七八年)に収めてあります。

国外での仕事のうち、一九七八年のパリ講義をもとにした深瀬さんとの共著出版は、八〇年代にずれ込みます(PUF、一九八四年)。一九七六年の比較立法協会講演は、同協会が編集する *Revue Internationale de Droit Comparé*(一九七六年第四号)に掲載され、もうひとつの寄稿(違憲審査制に関するもので七九年第一号)とともに、同誌にのった日本法関連の論稿を集成した協会編の共著本 *Études de droit japonais*(八九年)に、私自身による補論をつけて収められています。

III　ベースキャンプとしての東京
――前進キャンプはＩＡＣＬ／ＡＩＤＣ（国際憲法学会）五人組

0　東北大学法学部と仙台を去って東京大学法学部と東京へ

東北大学の研究環境を離れてはならないという意識は、最終的な決断までずっと消えずに引きずっていました。まず、東北大学法学部出身者として、母校への恩義と責任の思いです。歴代「御三家」の時代があり、次世代がどうなるかということが課題だったところに、中川先生の革命的な提案（前述）を受けとめていくつかの人事を、世良先生を中心にしたスタンディング・コミッティが強行します。引きぬかれた全国他大学の怨嗟（？）を買いながら、次の陣容を整えることができたわけです。

そのさらに次が私たちの世代に当っていました。私自身の専攻から言えば藤田さんとの組合せ、そして「社会科学の方法」研究会の幹事役を共にしていた英米法の望月礼二郎さんや政治学系の佐藤慎一さん、大嶽秀夫さん、などとともに一つの時代を背負っていかなくちゃいけない、という思いは、ずっと消えませんでした。

他方で、行くべきではないか。憲法関係の小林直樹、芦部信喜両先生と伊藤正己先生には、それぞれいろいろな研究会、伊藤先生の場合には有斐閣新書『注釈憲法』の仕事を通して、接する機会が少なくありませんでした。想像する限りのことですけれども、簡単でない経過を乗り越えて、このお三方を中心とした恐らく何人かの方々がなさった決断に、応える決心をしなくちゃいけない、と。

それにもう一つ、離れるべきではないか、という要素もありました。東北大を含めた仙台という、母胎の中の羊水にひたっていてよいのか。さんざ考えた末、移る決心をしました。一九八〇年一〇月、東京大学法学部に移籍しました。

その二五年後、私の古稀祝いの論集で藤田さんが振り返って、私の決断への理解を示してくれた。「より困難な環境で新たなる自分をつくり上げたいという気持ち」。仙台を去るということの意味の理解を書いてくれました。あわせて、人生の全てが終わってからでなければ結論は出せないだろう、と。これは畏友のまさに真を突いた言葉であって、その後の私の言動でも常に念頭に上ることになります。

そういうわけですから、私としては、研究者として徹するために行くのだ、ということが、仙台を離れるということの意味でした。先ほど名前を挙げた仲間たちは、結局、藤田さんの場合には定年に近い時期の最高裁入りですから別として、佐藤さんは東大文学部へ、大嶽さんは京大法学部へと、三人とも東北大学を去ることになるので、結果的に私が引き金を引いたような責任も、追加的に感ずることになります。

1　研究と教育、大学運営、教授会、評議会

学会報告と著書論文

研究者として徹するために行くのだ、八〇年代は論文を書きためておこう、と心に決めて東京に移りました。単著の第一号は八九年の『権力・個人・憲法学』です。『比較憲法』のはしがきに、個人というキーワードから比較憲法を書くことは他日を期す、と記していました。『比較憲法』は社会経済史についての私なりの理解を下敷きにした形で書いていましたから。七七年に顔だけ出しておいた「個人」という言葉を、八九年に初めて著書のタイトルにつけたのです。八八年に一冊の本に栗城壽夫さんと相乗りした『憲法と裁判』(法律文化社)の第一部

「裁判と裁判官」は、裁判官にとっての「制定法」「判例」「国民主権」がそれぞれ意味するもの、を問題としていますが、分量からいって論文のつもりでした。

日本語で「教科書」ということになるレアブーフは、九二年に出すことになります。版元の創文社の久保井理津男社長からは、仙台時代に「論文集が先ですよ。教科書的なものは、そのあとでください」という、まことに見識あふれるアドヴァイスをいただいていたのです。その論文集(『現代民主主義の憲法思想』)を出したのが七七年ですから、それから一五年経って『憲法』という標題の本を書いたことになります。スタイルの点でカール・シュミットの *Verfassungslehre* や黒田覺先生の『日本憲法論』といったものに近いのを書きたい、東京大学の講義ならば聴く学生諸君の知的好奇心を何ほどかは促すことができるのではないか、ということだったのです。論文を出したときも、最初の二本は『国家学会雑誌』で敢えて二段組みに組んでもらって、しかし自分としては論文のつもりでした。

そういう自戒の枠組で八〇年一〇月からの生活を始めたのですけれども、しかしその中で早速、仙台時代から直接に学恩に浴していた碧海純一先生から、法哲学会の八一年大会で公法分野からの主報告をしてほしい、主題は「法・法学とイデオロギー」で私法は星野先生だ、と求められました。そのとき思い出したのは、仙台を去る前、大学自治の論点をめぐって廣中先生と話をしていたら、「そういう時は星野に相談せよ」と言われたことでした。世間では廣中、星野は相容れぬ仲だというふうに見られ、実際に厳しい論敵同士でもあっただけに、やっぱりあのお二人はぬきん出た方たちだったのだな、といまも思います。

そういう星野先生と並んで、ということは私を怯ませたのですけれども、しかしそうは言っていられない。と言うのは、宮沢先生は七六年に亡くなり、他方で戦後の総決算という政治的なスローガンがメディアを賑わしていました。そういう文脈があっただけに、論壇絡みの事柄を直接問題にするのではなくて、宮沢憲法学を内在的に理解すればどういうことが出てくるのかという観点からの報告ならば、と考えてお引き受けしたのです。私が自分なりにつけた表現で、「認識・評価の批判的峻別論」という考え方を提示しました。認識と評価を明確に分けるということの持つ論理的な性格の問題です。法律学の特徴として、ひとつの学説が、宮沢憲法学が前提として区別している理論学説と実践学説の両面それぞれについて機能するのだ、という理解です。私の言う両面機能説は、自分のまわりでも十分には理解されなかったようです。しかし宮沢先生自身が、天皇機関説事件をふり返って、「機関説プロパー」と解釈学説としての「広義の機関説」を論理的に区別しておられたのです(『天皇機関説事件(下)』有斐閣、一九七〇年、特に五五一頁以下)。

講義と演習

授業のほうは、一九八〇年の冬学期に国法学、翌年は憲法二部、その次の年は憲法一部というふうに、順々に東大の講義の雰囲気に接しながら、なじんでいくことになります。

一番印象が強烈だったのは、憲法二部のときの二五番教室の講壇です。学説受難の歴史をも回想させるような壇上で、当初は一時間五〇分でしょう、そのあと一時間三〇分になりますけれども、講義の途中で面白いことを言ったり冗談をはさんで聴き手にちょっと一息つかせるというふうな芸当は、とてもできそうもないと心得て、敢えてジョークひとつ言わない。ある学生が、好意的なコンテクストでのことですけれども、何かにそう書いていましたね。それを見て私が「コンパではジョークしか言わないぞ」ということを言ったのが、私の唯一のジョークじゃなかったかと思います。講義の緊張ということを、当たり前のことですけれども、改めて感じました。

演習(学期ごと)を通しての学生たちとの付き合いについては、憲法一部は駒場から始まりますから、本郷キャンパスに来た学生たちからゼミの希望を募集すると、憲法は当然のことながら非常に志望が多い。選択に大変困るのです。私の場合は、演習は二〇人入ってもらう。選ぶ時には、私の講義年度の学生でなくても、駒場での憲法一部の成績を見ます。成績自体を見るというよりは、ふつうに言って憲法の勉強に関心がある人間は優をとっているだろうという常識的な物差しです。その次には仏独二カ国語をとっていること。これは知的好奇心がそれだけ旺盛なはずだということを考慮に入れたことを思い出します。

二〇人採用して、初回のイントロダクションを別にすれば、ゼミそのものはせいぜい一〇回しかできないですね。時間厳守を求めるのが私の主義でした。夜になるまでやるというのも魅力的なやり方ですけれども、全員が学者になるわけじゃない。社会に出て行って必要なことは、自分の言いたい大事なことを、ひとの話を聞きながら頭に入れて、そして短い時間でひとに伝えるということだから、時間は厳守してほしい、という主義でした。

ゼミにつきもののコンパですけれども、最初の年度から盛んで、初年度ゼミ生だった橘幸信さんが伝統をつくってくれました。何年目からか、夏休みには仙台の私の家まで訪ねて来たり、私が贔屓にしてしばしば滞在していた蔵王山腹の峩々温泉という一軒宿にみんなが集まったりということで、その中で幹事をしてくれた細川次郎さんが、彼自身峩々の常連になるくらい熱心に、卒業後も長く、OB、OG会を仕切ってくれました。

このゼミ生たちが、あとで触れますけれども、九五年に国際憲法学会(IACL/AIDC)の世界大会第五回の大会を東京で引き受けた時に、いろいろと力になってくれました。東大は還暦で定年でしたから、それから一〇年経った私の古稀のお祝いまで歴代のゼミ生諸君が合同でやってくれ、そのあとは、それぞれの期ごとに、あるいはそれを縦断して、こういうふうに集まるから来てくれということがあれば私としては健康が続く限りは喜んでお付き合いしたい、と言い、そのようにして今日に及んでいます。

東北大学を卒業してから一〇年目の泊まりがけコンパを仙台近郊の秋保温泉で、実業界に出た友人と私が幹事になってやった時に、中川善之助先生からすぐに、「教師冥利につきる会合、ありがたく、ありがたく……」という走り書きのお葉書を頂いたことを思い出しました。教師冥利というのはこういうことかというふうに改めて感じたことを、いまの話題で思い出しました。

教授会、評議会と大学運営

大学運営にかかわることでは、評議員をつとめました。評議員は学部長と並んで全学の事項にかかわるということで、本来は決して執行部ではないのですが、実際の学部運営としては、学部長と二人の評議員が執行部という形で学部運営のために働く。一九八四年七月から八六年七月まで、任期通り二年間つとめました。その間学部長は、最初は田中英夫さん、あとの期間は松尾浩也さんでした。もうひとりの評議員は前半は村上淳一さん、後半が石井紫郎さんとの組合せで、私自身はいわば淡々と責任を果たすことができました。

評議員の任期が終わってからあとのことですけれども、九〇年に学部の運営が一つの境目に遭遇しました。いわゆる大講座制を導入するという問題です。大学院大学化と世間では言われていたことです。戦後、国立だけに限っても大学がたくさんできた。限られた予算の配分を多少とも重点的にするためには差異化をしなくてはならない、ということは予算を組むほうから言えば自然に出てくる必要でしょう。それをも反映して大学院大学化という線が進んでいく中でのことでした。それに対して、東京大学法学部は、やはり何といっても学部教育重視の伝統があって、社会の各分野に人材を提供してきた。その中からこそ、研究者をも時代を超えて全国に供給してきたのではないのか、と私は考えてきました。

この時には異例の教授会採決が行われたのです。票決をしなくてはいけない場面は教授会には幾つかあります。学部長と評議員の選挙はもちろんですし、大学院教授会の場合なら学位審査の最終結論、そもそも学部の教員人事が最終的には無記名投票の採決です。そのような、当然のこととして票決で決着をつけるという問題を別にすれば異例の採決ということになりました。私は、役職柄発言の必要があって発言する以外では、一五年間の教授会メンバーとして記憶にある唯一に近い実質発言――記憶違いがあるかもしれませんが自分としてはそう思っています――をしました。「簡単にこの原案には賛成できない」という趣旨です。

当時、教授会の席上でのことではないのですけれども、「鵜飼」になぞらえた議論がありました。外向けと内向けを分ける、外向けには、いままでの講座ごとではなくて大講座制を導入する。長良川の鵜飼の喩えで言えば、そこで鮎を飲み込む。飲み込んだあと学部に戻ってきて、それを吐き出すという、外向けでは大講座制に加わりながら内では講座制の実質維持を続けるのだ、というわけです。私は、この学部ではそれを続けることができても、少なくとも全国の旧帝大ないし、それに準ずる主要大学のモデルとなる責任を考えると賛成できない、「ここでは続けることができても」というのは、われわれ自身については自己信頼をするにしても、という意味です。実際、名実伴っていないと、どうしても名のほうが実を浸食していく現象が起こるのは、よく見られることですから。

無記名投票ですから発言者以外の投票行動はわかりませんけれども、要するに可決され、私の心配は取り上げられませんでした。しょせん最後はみんなで決めなくてはいけないのですから、そういうものだろうと思って研究室に戻ったらすぐ電話が鳴った。村上さんからで、「かつての戦争の時にも、こういうふうに運んだんでしょうか」ということでした。村上さんとは、それまで、それほど親しくお付き合いしていたわけではありませんけれども、お互いの学問について正確な認識を持ち合うことが、この時点ではできていたと思います。というのは、私の論文について早い時期に村上さんから批判が寄せられ、私からの応答の往復を通して、私の近代観と村上さんの近代観の違いの持つ意味を、お互いにこの時点では正確に認識しあっていたはずです。八九年に出した私の『権力・個人・憲法学』の中では、このやりとりの一部を、収録論文に対する補論という形で記録に残しています。そういう前提があってのことでした。

手帳を引っ繰り返してみて、私は必要最小限度の、どこで誰と会ったかという備忘しか書いていませんけれども、その年の一二月に、村上、藤田、樋口の三人で浅酌の一夕を過ごしています。村上さんと藤田さんは、ドイツ学が共通というだけではなくて、高校の先輩、後輩のはずです。藤田さんの発案で私が場所を設定した記憶があり、九三年の四月には村上さんが仙台・松島まで見える。この年は村上さんが退職なすった年ですから、そういう区切りだから今回は東京じゃなくて仙台・松島でやりましょうということだったのです。

この三人会に加えて、その後、藤田さんと三谷太一郎さんが同じ時期に学部長だったことがあったんじゃないかな、三谷さんを含めた四人の会になり、村上さんの健康が不調になるまで続いて、さわやかな記憶として大切にしています。

2　各種学会と研究会

日本公法学会

私が会員、さらには役員として実質上もかかわったのは、日本公法学会と日仏法学会と全国憲法研究会です。公法学会では、東大に着任と同時に、学会担当理事として理事長を補佐するデ・ファクトな義務がありました。報告はと言えば、かつて東北大時代に一九七〇年の部会報告で、杉原泰雄さん、影山日出弥さんと私の三人がそれぞれ報告するという機会がありました。杉原さんと私の間の主権論のやりとり、それに絡めて影山さんの独自の立場からのかかわりが期待されての設定でしたが、私の対応は十分に適切だったとは言えないものでした(後出)。東京に来てからは、九一年に総会報告を求められて、義務を果たしました。この報告(「日本国憲法下の〈公〉と〈私〉」)は「〈公共〉の過剰と不在」という副題で、私なりに問題を出すことができたと思っています。

公法学会では後に、理事長を二期六年——一九九八年から二〇〇四年まで——つとめました。

それこそ担当理事の方々におんぶに抱っこで、特に苦労して何かをしたという記憶は、幸いありませんでした。

全国憲法研究会

全国憲法研究会は、毎年春秋二回の研究集会のほか、五月三日に市民向けの講演会を開催してきました。私自身も、それらの機会ごとに、結成(一九六五年)以来の会員として応分の義務をひきうけ、学会誌『憲法問題』に報告あるいは講演の記録を――原則として逐語的に――残しています。ここでは、大江健三郎さんを迎えた憲法記念日講演会での大江・樋口それぞれの講演記録(『憲法問題』一七号)を挙げておきます。

日仏法学会

日仏法学会は、私が東京に出てすぐのころ野田良之会長が引退されて、山口俊夫さんが会長となり、私は幹事で、北村一郎さんが幹事補佐として助けてくれました。

日仏法学会絡みで特に言えば、八八年の一〇月に日仏法学ジュルネ――四、五日続くわけですから、日仏法学週間と言ってもよいのかな――を東京で開催しました。その時は、ジャック・ロベールとルイ・ファヴォルーのお二人が揃い踏みで来てくれ、私はファヴォルーさんの報告要旨を事前に読んだ上で、それに対して私の考えを述べる対照報告をしました。

東大退任後のずいぶんあとですけれども、二〇〇七年パリ仏日法学ジュルネの際には、会長としての責任を果たしました。この時は星野先生夫妻が長老として同行してくださり、ご夫妻お二人でフランスというのはこれが最後の機会であったでしょう。

相方は、ロベールさんは当然のこととして、フランス学士院の会員になっておられたドラゴーさん、それに加えてパトリス・ジェラール――あとで名前が出てきますけれども国際憲法学会の場で私の信頼する親しい友人でした――が元老院(Sénat)の議員を兼ねていて、それぞれに一行を歓迎してくれました。ドラゴーさんは学士院でワインのパーティ、パトリスは元老院の施設でいかにもフランス風の午餐会をしてくれました。

関連諸学会、研究会など

私自身は所属していない他の学会や研究機関で報告ないし講演を求められ、共同研究に参加するということも、少なからずありました。一九八一年法哲学会のことについては先ほどの通りです。

仙台時代から参加していた東大社会科学研究所の共同研究では、福祉国家論のテーマに参加して、八四年の出版物に「「福祉」シンボルの憲法論上の役割」を副題とする論文を書いています。これは、当時一つのアクチュアルなテーマだった福祉国家ではなくて、福祉社会論のほうを問題にしました。同じころ、フランス行政法研究会の兼子仁さんを中心とする合宿に誘われ、夜の部の歓話を含め、新しい研究仲間たちとのつながりの機縁となりました。

八九年は法社会学会創立二五周年です。参加を求められて、「法社会学への期待――「個人主義的憲法観」と戦後法社会学」と題する報告をしました。「個人主義的憲法観」――これは渡辺洋三さん自身の語法です――の位置づけについて取り上げたものです。一定の意味をとらえながらも、乗り越えられるべきものとして――渡辺法社会学から言えばそれは自然な論理ですけれども――提示されていた、その個人主義的憲法観の積極面を強調するというのが私の報告でした。その結びで戒能通孝さんの「市民」論に言及して、戒能の意味における市民の確立という意味での個人主義的憲法観がまさにいま重要なのではないか、という議論を出しました。渡辺法社会学と戒能法社会学はもちろんつながっているけれども、決して順接続だけではない関係に意味があるのじゃないか、というのが主旨でした。

九一年には東大社会科学研究所で「社会主義とヨーロッパ――社会主義とは何か？」という

シンポジウムがあり、仙台時代以来の親しい友人だった経済学の加藤栄一さんに引っ張り込まれました。ロシアについて和田春樹さん、ドイツについて加藤さん、フランスについて私という取り合わせでした。『近代国民国家の憲法構造』(東京大学出版会、一九九四年)に収めてあります。

この時期のことではないけれども、ほかの学会とのお付き合いの仕方という意味で、ここで出しておくと、二〇〇〇年の法制史学会は西川洋一さんの求めに応じたものです。営業の自由論争に触れて、近代すなわち個人の意義と、それよりもそれに伴う困難、ということについての私の考えを述べるのが主でした。

かねて面識を得ていた堀尾輝久さんの誘いによって、教育法学会で報告をしたことがあります(「教育をめぐる「公」と「私」」二〇〇六年)。国民の教育権vs.国家の教育権という対置の仕方が一般的であるのに対して、日本の場合には特殊に政治のコンテクストの中でそういう形のぶつかりあいが正面に出たわけだけれども、論理的に言えば教育の公共性vs.教育の自由という論点のほうが普遍的で、国民の教育権と国家の教育権の対比では掬い取れない論点、教育の公共性と私事としての教育の自由の対照という論点を、過小評価してはいけないんじゃないか、ということが私の問題意識でした。

学内あるいは準学内でのことを挙げておきますと、一つは学部内でジャン・カルボニエの『法社会学』の読書会に、東京に着任早々誘っていただきました。星野先生を中心に、六本佳平、小早川光郎、北村一郎、大村敦志、伊藤洋一、の方々と、丹念に読むのです。仙台で一〇年ほど参加していたヴェーバーの読書会も一ページいけばずいぶん進んだなという感じでしたが、それほどではないにしても丹念に読むという読書会でした。その後も、なかでも大村さんとの間では、各種の研究企画などを共にすることを通して啓発を受けてきました。

『六法』の編集委員会や雑誌『ジュリスト』『法学教室』の編集委員会は、本郷の学部の雰囲気になじむ、私にとってはいい機会でした。『判例六法』の場合は戸波江二、長谷部恭男、安念潤司のお三方に助力を願い、これはなかなか面白かった。そもそも載せるに値するか、あるいは載せるにしてもとらえ方がそれじゃおかしいんじゃないか、むしろこういう裏読みしたらいいんじゃないかとか、それぞれ個性のある議論で面白かったですね。たいていの場合それは夜の部にまで引き継いで、楽しい記憶です。

さて、学会、あるいは学内を越えた研究グループのことに話を移しましょうか。

『社会科学の方法』その後

まず、仙台時代以来かかわっていた雑誌『社会科学の方法』のことです。一九八三年で雑誌が打ち止めになり、その母体となっていた研究会も、定期的な開催は終わりとなりました。同志的な雰囲気と、それにつきものの夜の部を含めて、私にとっては非常に貴重なものでした。「同志的な雰囲気とお酒」と言っても、芯にある厳しさを含めてのことです。八三年に雑誌を終刊にしたあと、世良先生から八四年に、引き続いて二通の書簡をいただいた。先生は求められて宇都宮大学長に就任されており、もう毎月会うこともなくなった段階です。遡って八一年の法哲学会報告が一年ずれて活字になっていましたから、抜刷を差し上げたのを読んでの先生からの批判です。私が「批判的峻別論」と自ら名をつけた「批判的」という部分に対する批判です。私は学会報告の前に廣中先生と祖川先生にそれぞれ、別々の機会に議論を聞いてもらったことがあり、その議論の中で、あらためて、峻別を説くことの法解釈者としての責任の問題を強く意識した。もともと私の頭の中にあったことをあらためて強く意識して、「批判的」という部分を強調したのです。世良先生はそれと反対に、峻別論そのものを法解釈論者の責任という論点とリンクすること自体がおかしい、という立場なのです。法解釈論との兼ね合いを学問論の中で問題にすることは許せないのです。

十分、その意味は理解しました。というのは、世良先生ご自身が、俗流峻別論、つまり実践的な責任をそのことによって回避するような峻別論とは正反対の立場を、自ら実践なさっていた。一九七一年に青年法律家協会問題が起こりました。さきに簡単に触れた宮本判事補不再任事件です。それに抗議する集会が仙台の県庁市役所前公園で夕方行われたことがありました。私は、世良先生の、法学部教育に携わってきた立場と研究者としての立場を含めて一言喋ってほしいという主催者の強い希望を取り次いで、二人で出かけたのです。先生が諄々と、なぜ最高裁がやっていることはおかしいか、寒空の下で説くのですけれども、動員されただけとおぼしき参加者たちの中から、野外ですから「寒いぞー」なんていう声がかかるのです。私は申し訳ないと思って、帰りに「先生、一杯やりましょう」とご一緒したのですが、ご自身はそんなこと全然気にもなさらない。そういうものだ、と。先生からすれば動員された大衆運動なんていうのはそんなものだろうというふうに割り切っておられて、何もこだわっておられなかった。

そういうふうに、峻別した上で実践行動を回避しないということは、自ら示しておられるのです。それに対して、私が批判的峻別論の「批判的」と形容詞を入れるのは、峻別して、それは峻別の論理に従っただけだ、その結果については、そんなことは知らない、という主張に対するアンチテーゼとしてです。世良先生は、自ら峻別論を説きながら、それを説く自分が法的な問題にかかわって一つの実践的な立場を人々の前で明らかにすることを回避しない。世良先生にとって重要なのは、それはあくまでも学問外の話だ、ということなのです。それに対し批判的峻別論が峻別を説く者の実践的責任を問うのは、法の解釈を「学問」として扱う人間からすれば、学問内的な論点と考えるからなのだという、その違いだったのだろうと、私は考えています。

実際、廣中先生は、世良先生が最も信頼する東北大学法学部の同僚でしたし、世良先生が亡くなった時に新聞の求めに応じて書いた追悼文の中で、「私は彼と大学観において対立することはなかった」と語っています。何よりも、日々実践的な選択が問われていた大学紛争の中で世良学部長を支えた廣中評議員が、敢えてそう述べているのです。世良先生が学問という時に法の解釈はそれに入っていない、と私は整理しています。実際、法史学は法学部にいる必要はない、という言い方はある文脈での先生の口ぐせでした。

『社会科学の方法』研究会同人は同志的な雰囲気だけれども、芯にある厳しさを共有していたからこそ、六八年から八三年まで長く続いたのだということです。

「論争憲法学」グループ

東京でのことに戻って、「論争憲法学」という研究グループが、日本評論社を会場にして八六年から九二年まで続きます。ことの始めとしては、長谷川正安さんはマルクス主義憲法学の総大将として世に恐れられていたのですが、幸いにも私は一九六〇年代始めのパリ以来、遠慮ないお付き合いを願う間柄になっていたことがあってのゆえでしょうけれども、長谷川さんの訪問を受けました。あなたたちや次の世代の人たちと緩やかな研究会をやれないものだろうか、というご相談でした。

言ってみれば長谷川＝マルクス・ワールドの枠外にご本人から出て来られたというふうに私は解釈して、大いにやるだけのことはあると受け止めました。結局杉原さんと私が次の世代の人たちに、メンバーを固定せず、面白いなと思った人は毎回来てほしい、と声をかけました。これは長く続いて、本当に面白かった。長谷川さん自身も毎回欠かさず出席して、中に入って議論を楽しんでいました。九四年に『論争憲法学』というタイトルの本を日本評論社から出し、長谷川さんを囲む形では一区切りをつけましたけれども、同社を会場にした、似たような研究会は若返りしながらずっと続いたようです。

平和構想懇談会の人びと

八三年に坂本義和さんを中心にして発足した平和構想懇談会は、岩波書店を会場にして、ある期間続きました。私にとって重要だったメンバーは、坂本さんはじめ、加藤周一、井上ひさし、大江健三郎、辻井喬といった方々です。加藤、井上、大江については別の文脈の中でのちに多少くわしく取り上げたい。この期間にあったこととして、九四年に、加藤さん、辻井さんのほか上野千鶴子さん、鎌田慧さんなどを主要メンバーとして『世界』が別冊の特集を出し、かつ、ほぼ同じメンバーで、フランスの月刊国際関係論壇紙ル・モンド・ディプロマティークと提携してパリでもセッションを開きました。

辻井さんとは、私が日仏会館の運用にかかわるようになって講演をお願いするなど、いろいろ接点ができました。結果として晩年になってしまった数年間、一作ごとに本をいただくようになりました。その中で『茜色の空』(文藝春秋、二〇一〇年)は、大平正芳という知的な存在を主人公とした伝記的小説で、書き手としての辻井さんのカラーがみごとに出た本ですし、中身も、日本の戦後政治が持っていた可能性を知ってもらうためにいまの若い人に読んでほしい本です。

学外との距離をどう保つか

最後に、この時期のこととして、学外に対しては私は極度に慎重だったつもりです。一九八六年に一年だけ司法試験考査委員をつとめ、東大での最後のころからそのあとにかけ、外務公務員試験委員を引き受けました。これらはむしろ、求められれば義務の一つだろうと思っていました。

慎重だったことの例を挙げれば、あるとき、細川護熙さんが訪問したいという。仲立ちは文部省の元お役人で議員をおやりになったこともある方でした。九三年の三月に細川さんと長時間お話をしました。総理になられる前です。細川さんからは当然のことのように研究室に伺いたいということでしたが、私は、学内の研究室で政治家の訪問を受けるのは、単なる表敬訪問ではない以上、好ましくないと考えどこか学外でお会いしましょう、こっちからも出向きますからということで、仲立ちをした方の設定で学外の場所でお会いしました。細川さんは大学ノートにいろいろメモをおとりになって、三時間ぐらいお話したんじゃないでしょうか。私も、どういうお話が出るのかわかりませんから、別に準備していったわけではないので、その時の記録は全然ありませんけれども。

かなりの時間お話をしたあと、「先生を毎回煩わすのは遠慮しなくちゃいけないから、どなたか若い人を紹介してくれませんか」とおっしゃるので、「それは私はできません。細川さんには、そういう若い人との接点をつくってくれる方は大勢いらっしゃるんじゃないですか」ということを申し上げた記憶があります。つまり、現実政治にかかわることで若い方に私から声をかけるわけにはいかない。それほどまでに学外との接触には慎重に、というつもりでやってきたということです。

この最後のやりとりで、世間の常識からすれば非礼をはたらいたことが私としては心に負担を残していたのですが、その後、総理を辞められたあとの九五年、私は東大を定年となり、五月の連休をたまたまその年から信濃追分で過していたときのことです。その時はまだほんの二間しかない、別荘と言うにはあまりにも貧相な、本の置き場を建てたばかりのところに、ご自分が小さい車を運転なさって訪ねて来られた。九五年ですから戦後五〇年の節目で、それに対する対処の仕方について話にみえたのです。

私はこういうことを申し上げた。「決議となると、なかなかまとまらないだけでなく、まとめようとしてまとまらなかったという事実が残ること自体がマイナスになるのじゃないですか」。「私ならこう考えますけど」と言ったのは、その当時内閣総理大臣が村山富市さん、副総理・外務大臣が河野洋平さん、衆議院議長が土井たか子さん、副議長も鯨岡兵輔さんでしたので、「そういう方々の個人名のほうが国際世論に対する迫力があるんじゃないですか」と。それには頷いてくだすったんですけれども、しょせん、無理でしたね。世間知らずの一市民の夢想に過ぎませんでした。

慎重にということの例として話はそこまで広がってきましたけれども、実はローカル限定版があったのです。八四年一一月から一二月にかけての仙台市長選挙のことです。島野武さんが七期目の在任中に急死され、私が青年法律家協会の研究活動を仙台時代にしていた時に中心であった勅使河原安夫弁護士を擁立するために何がしかのことをしたということです。当初、頑強に要請を拒んでいた勅使河原さんが、最終段階で、幾つもの地方有力企業の顧問弁護士役を返上してまで出馬を決意し、戦いが不利なことを覚悟で善戦なさったけれども、結果は敗れました。

日向康さんと丸山眞男先生

この時、勅使河原陣営の選挙本部長をしたのが、私にとって年長の親しい友人、日向康さんでした。田中正造を題材にした『果てなき旅』(福音館書店、一九七八年)で大佛次郎賞を受けていた作家です。日向さんは、彼にとって思想上の恩師である哲学者の林竹二さんの書いたものに触発されて田中正造という人間を掘り起こす、そういう仕事をした人です。その後も盆暮れの帰仙ごとに、彼の指定するコーヒー店で対話を続ける愉しみがありました。二〇〇六年に他界しました。

偶然のことですけれども、丸山眞男先生が仙台にいらした時に、研究会と会食のあと、私が先生を乗せてお宿の仙台ホテルに行く途中、「お疲れじゃなかったら、どうですか」と言ってお誘いした場所があるのです。丸山先生は「うん、きょうは気持がのってるからいいよ」と応じてくださった。日向さんは、著作も多い方で、知る人ぞ知るですが、酒亭を、経営していたわけじゃなく、その運営を委ねられていたのだと思います。仙台ホテルの近くです。それで丸山先生を日向さんに会わせたいなと、ふと思ったのです。期せずして丸山、日向が対座する会話の席に、せいぜい二〇―三〇分ですけれども、居合わせたことは私の幸運でした。

蟻川　日向さんのお名前は、先生の最初の岩波新書のなかのエピグラフのところに出てきますけれども、どういうお知り合いだったんですか。

樋口　自然にですね。日向さんは勅使河原さんと陸軍幼年学校以来の友達だったのです。戦後、幼年学校、陸軍士官学校や海軍兵学校を出た人が復員してきて、大学に入ろうという時の進学指導というか、もちろん受験対策じゃなくて、それまで軍の論理で育ってきた人たちに学問とは何か、こういう面白いものなんだよ、ということを林竹二さんが、法文学部長だった阿部次郎さんの示唆を受けて教えることをしていたのです。その林さんを、私は近いところに居ながら本当の意味でそんなに偉い人だとは思っていなかったんですけれども、やっぱり偉い人だったんだな、あの人は。『思想の科学』の鶴見俊輔が惚れ込んでいますよ。勅使河原さんは東北大学法文学部に行ったが、日向さんはどこにも行かなかった。もっぱら林竹二を師として、ものを考え、書いて過ごす。

蟻川　田中正造もそんなには知られていなかったということですか。小学校の教科書に載るのは林竹二以降なんですかね。

樋口　日向さんは大佛次郎賞というオーソドックスな評価も得たけれども、その後風向きが変わってきて、いまの田中正造研究者には無視されているようですね。

ところで、『田中正造と民衆思想の継承』の著者、花崎皋平《こうへい》さんから、ご自身の思想と行動のあゆみを綴った日記の摘録『生きる場の思想と詩の日々』(藤田印刷、二〇二二年)を頂いた。そのなかで、ゴルバチョフが切り開こうとした可能性がエリツィンによって断ち切られた九一年一二月の日録に、ソ連帝国の解体を必然とした上で、その帰結への憂慮が示されています。

東西共存による収斂型の接近か、それとも「西」のひとり勝ちによる混迷かの岐れ道に立っていた時点での的確な認識でした。

3　国際学術交流

3-1　国際憲法学会＝IACL／AIDCの創設と運営

一九八一年ベオグラード

樋口　広い意味での国際学術交流のことに入りましょう。そのうち大きな塊になっているひとつが、一九八一年九月に国際憲法学会(IACL／AIDC)の創設にかかわったこと、そしてその後の運営についてです。

事の始めとして、当時の学部長としての芦部先生宛に招請状が来た。差出人はユーゴのアカデミーのジョルジェヴィッチという長老です。ユーゴは、ソ連軍によってナチス・ドイツから解放された多くの中欧、東欧諸国と違って、かなりの程度ファシズムからの自力解放をやりとげた。指導者のチトーの路線です。熾烈な権力闘争の中でのことですから、とりわけ国内的には彼のやったことについては負の側面がないはずはないので、これは指摘されている通りですが、国際的には、正と負で言えば正の側面ですね。文字通りソ連の衛星国化せざるを得なかった東欧・中欧諸国と際立って違った点がありました。八〇年代のユーゴは、東西の、当時の言葉で言うデタント(緊張緩和)に向けての大状況の中で、東西――資本主義と社会主義、そして南北――経済先進国と発展途上国、が交差する十字路という意味を、客観的にも持っていたと言えます。

「こういうのが来ているよ」と芦部学部長から言われて、偶然に恵まれる幸運がありました。講義責任は夏学期に済ませていました。これが一番の好条件ですね。それから、全く別のことですけれども、当時エールフランスは仙台にも営業所を開いていて、所長としてやって来た文人風の人物、小野田敏郎さんと気が合っていた。その彼が、「いい話がありますよ。新しい路線をつくる記念に、エールフランスから日本にビジネスクラスのヨーロッパ往復切符が来ているんです。一枚仙台でとりましたから、これ使ってくださいよ」というのです。この二つの偶然に恵まれて出かけました。八一年九月です。

こうして、国際憲法学会がベオグラードで発足します。日本に帰国して早速諸方に相談をしました。デモクラシーという価値を正面に出した呼びかけでしたから、全国憲法研究会の関連だろうと考え、その時点での歴代代表の方々に参集願い、小林直樹先生に日本支部の代表になって頂き、本部の執行委員会メンバーとしての私、加えて、全国憲で身近に協力してくれていた戸波江二さんと辻村みよ子さんが事務局を引き受けてくれました。幸い戸波さんはドイツ、辻村さんはフランスとの人脈のつながりが強く、大いに助けてくれました。

同世代五人の仲間

最初に集まった中で、比較的同世代の五人が初発から気の合う仲間になりました。フランスはパトリス・ジェラール、ドイツはクリスチャン・シュタルク、スイスはトマス・フライナー、ユーゴはパーヴレ・ニコーリッチ、そして私です。その後のことも含めて言いますと、四人とも日本に何度か来てもらい、仙台の自宅にも来てもらうほど頻繁な行き来になっていきます。逆むきもまたそうなりました。

パトリス・ジェラールが亡くなったとき、ドーバー海峡に近い彼の家に招かれたことを回想するお悔やみ状を夫人に差し上げて、感動的な返信をもらいました。パトリスと私がお互い深い信頼関係にあったこと、何よりもアンテレ・ジェネラルを重く見るということで共通の友情を持っていたことを羨ましく思っていた、と書いてくれました。アンテレ・ジェネラルを「一般利益」と言っちゃうと味も素っ気もなくなるんですけれども、天下のため、ということですね。

というのは、実際、国際憲法学会は二つの危ない、飛行機で言えば特にそこを飛ぶと悪く揺れることをさす術語がありますね、そこを無事に切り抜けることができた。ゾーヌ・ドゥ・テュルビュランス（乱気流圏）があったのです。

一つは東側との関係です。デタント＝緊張緩和とは言いながら、東と西はまだ歴然と分かれていました。東側は、国際学会ということになると個としての学者がそこに直結することを、恐れたわけです。あくまでも国単位で、という主張との間でどういう妥協点を見出すか。それを、ソ連・東欧憲法について専門の著書を持つパトリスが中心になっていろいろ議論したのです。私は、「東側三人衆」と呼んでいたのですけれども、ソ連のボリス・トポールニン、ポーランドからは二人とも閣僚を兼ねていた学者で、司法相のザワツキーと宗教相のロパートカ。この三人衆も、いった

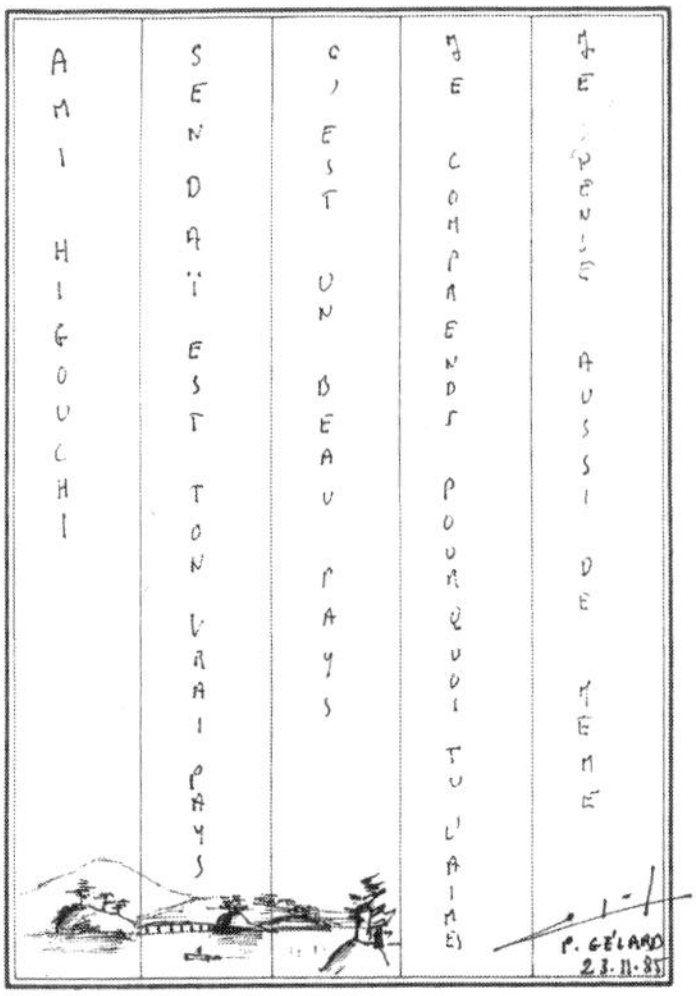

パトリス描く松島の福浦橋.
文は左欄から右欄へと読む. 母音の数が5・7・5・7・7で音韻を踏む.

ん妥協、合意ができると、隔てなく一緒にグラスを手にしながら冗談を言い合う、そういう間柄になることができました。ザワツキーには日本に来てもらって、自宅にも招きました。

そういうわけで東側との間の危うい段階は、三人衆の人柄もあって、安定軌道に乗せることができたのです。もう一つは南との問題です。チュニジアのアブデルファタ・アモールは、フランスで法学教育を受けて論著もある人です。私は八六年にチュニスに招かれて夏のセミナーで一週間、講義をし、そのお返しに八九年に東京に呼んで東京と関西で講演をしてもらった間柄だったのですが、あとで順を追って話すように、ある事柄をきっかけに、心ならずも彼に反対することを言わなければいけなくなった、ということがあるのです。

一九八三年ベオグラード、八七年パリ・エクス、九一年ワルシャワ

さて、話をもとに戻して、八一年に発足させた国際憲法学会の、第一回を同じベオグラードで八三年に開催しました。この第一回大会に小林先生が主報告の一つを引き受けてくださって、ドイツ語圏の Staatslehre の伝統を汲んだ、そして日本の学界状況も含めた報告で、圧倒しました。トマス・フライナーが興奮するほどでした。

ユーゴのジョルジェヴィッチを会長に選んだ第一回大会のあと、四年に一回の大会ごとにざ

っと流れを追っていきましょう。その間、当初は私が執行委員会メンバーとなり、次いで大須賀明さんがつないで、あと長谷部恭男さんに責任を担っていただくことになります。

第二回は八七年にパリとエクス——エクザンプロバンス——で。この学会に積極的にコミットしてくれることになる憲法訴訟論のリーダー、ルイ・ファヴォルーがいわゆるエクス学派の総帥ですから、一週間の前半をパリで、後半をエクスで、その間は飛行機で往復するという会の形態でした。ここでパトリス・ジェラールを次の会長に選びます。

第三回は、現地の状況からしてできるかできないか危ぶまれていたワルシャワですけれども、結局開催できました。九一年です。この時、私を次期会長にという声があったのですけれども、私は回避して、フライナーを推しました。なぜかというと、次の第四回、九五年は東京で開催することにしていましたから、開催国の代表者が会長になるというリンクができることを避けなくてはいけない、と考えたからです。

この時アモールが、すでに八六年に彼が私をチュニスに招き、八九年に私が彼を日本に迎えて行き来していた間柄だったですから、イグシ(Higuchi のフランス流読み方)がやらないなら自分がやりたいといって手を挙げたのです。私は反対せざるを得なかった。チュニジアは北アフリカの数カ国の中で真っ当な学者を持っていた国です。アモールがなっても不思議はないんですけれども、何といっても当時、やがて独裁性をあらわにするベン・アリの政権——結局二〇一一年「ジャスミン革命」で引っ繰り返されますけれども——ができたばかりです。自国の有力者、もっと有体に言えば政権と便宜の関係があって、自国に大会を持ってきて、その大会を取り仕切って会長になる、というふうな先例にならないとも限らない。私はアモールには残念ながら反対せざるを得なかった。悔いてはいませんが、私の心に残っているまま、数年前に亡くなりました。

しかしフライナーは、そういうややこしい状況の中で引き受けるのをよしとしないで、辞退するという。結局、九三年にチュニスでラウンドテーブルを開くことは決めてあったので、シュタルクの調停でフライナーとアモールに加えパトリスがしばらく任期にとどまる三頭政治で東京大会までつなぐことにしたのです。そして東京大会で、フライナーを次期会長に選出することができ、開催地とのリンクを切断できたわけです。

東京大会までの間、四年ごとの大会の間に各地でラウンドテーブル、あるいは小規模な集会をいろいろ催すのですが、そのこととは別に、アジア地域の国際憲法学会を八九年九月に横浜で開催しました。その直前の六月に中国で天安門事件が起こります。発足以来中国から出席していたのは、毛沢東世代のような、英語もフランス語も話さない人で、中国の代表についてだけ通訳が参加することを会としても認めていた。しかし、一言もおっしゃらないでニコニコしている。洗い晒しに見える人民服で、紅軍長征時代の人士の風格を感じさせる人でした。ところが、それまで接触したことのない人物の名前で参加者の登録があった。消息に詳しい日本の人に内々に、こういう人はどんな学者なんだろうかと聞いたら、学者じゃないと言う。小林先生と慎重にご相談した上で、中国代表に対する招待を取り消した、という事件が間にはさまっています。

国際憲法学会九五年東京大会

一九九五年の第四回東京大会は、小林先生を大会会長、奥平康弘さんを副会長、実務は私と長谷部さんが担う。大会そのものは東京で、東大、中央大学、明治大学、早稲田大学、四日間の会期を四カ所で順繰りにやる。中央大学では清水睦さんと植野妙実子さん、明治大学では吉田善明さんと江島晶子さん、早稲田大学では大須賀明さんと西原博史さんに加えて、当時総長だった奥島孝康さんの強力な支援がありました。関西でも集会をやってもらい、立命館大学の山下健次さんと畑中和夫さんに世話役をお願いしました。最高裁判所訪問については当時現職だった園部逸夫さん、国会については当時衆議院議長だった土井たか子さんに、それぞれの立場で最善を尽くしていただきました。東大の場合には、何といっても長谷部さんが絶大な実務能力をも発揮してやってくれました。加えて、平常の業務にかなり食い込んでお邪魔したと思いますけれども、東大法学部受付の武田いづみさんと図書室の早坂禧子さんにも、ずいぶん負担をかけたと思っています。

　実際に東京大会を成功と言ってよいものにするに当たっては、文字通り多くの方々の、有形無形、物心両面にわたる応援がありました。国際憲法学会日本支部の会員たちが応分以上の負担をした上で、呼びかけた周囲の研究者や実務法曹の皆さんから、貴重な浄財が寄せられました。私自身をいえば、それまでの人脈のつながりを総動員した感あり、でした。法人からの寄金を願うについては、東北大同窓の二人の力添えがなければ、大会運営原資の基本を集めることは到底不可能だったのです。厚谷襄児君は万般の示唆を与えてくれた上に各種企業に橋渡しの労を惜しまず、石川彪君は経団連内部の友人と引き合わせてくれ、当時行われていたやり方での有力法人企業へのアクセスの道を開いてくれたからです。

　東北大で私の学生だった世代の諸君も現役第一線の職業人になっていましたから、そうした人脈のつながりで青島幸男知事が全参加者をパーティで歓迎してくれ、軽妙な挨拶で、「日本人のスピーチ苦手」の定説を反証してみせました。大会最後のレセプション会場での茶道師範とお弟子さんたちによる茶道のパフォーマンスも、その方面にかかる仕事をしていた山田雪雄君のアイデア、尽力によるものでした。東大での卒業生諸君は職業人としてはまだ若手でしたから、個人として浄財を寄せてくれ、在学生の何人かは案内役や通訳を買って出てくれました。

肝心かなめ、東京大会のテーマは「立憲主義の五〇年――その現実と展望（一九四五–一九九五年）」でした。小林大会会長の開会講演「憲法学と世界の諸問題」は、日本の憲法体験への言及を出発点としてネーション・ステートが当面する今日的課題を論じ、七本の基調報告（うち一つは深瀬忠一「憲法と国家間平和」）をめぐる四日間の討論を奥平大会副会長の結語が、五二の国ないし地域から二〇八人、日本国内からの一四五人を含めて三五三人が参集した大会をしめくくりました。

さきほど大会の「成功」という言葉を使いました。行事として大成功だった東京大会を顧みながらそれ以後＝現在の、世界規模の憲法状況の暗転を考える度毎にくり返す、にがい感慨です。

大会の記録は、私の論文集を出したこともある出版社から発行されています（Th. Fleiner（Ed.）, *Five Decades of Constitutionalism : Reality and Perspectives*（1945–1995）, Helbing & Lichtenhahn, 1999）。

一九九九年ロッテルダム大会から二〇一八年ソウル大会へ

さて、第五回は一九九九年、ロッテルダムで開催されました。この時点までずっと国際憲法学会の事務局長役はユーゴのニコーリッチが担ってくれ、この段階で、一世代下がったオランダのK・W・G・アッカーマンに事務局長役をやってもらうことになります。

ここで再び私に会長を受ける意向の有無が尋ねられたのですが、辞退し、アメリカのミシェル・ローゼンフェルドが会長になりました。こうやって、開催地と会長選出との、あまり健康でない連結は完全に切断できたと思っています。

九九年以降、私は大会には出席してこなかったのですが、二〇一八年、ソウルで第一〇回大会が開かれました。実行委員長は、かねてから私に好意を持って接してくれていた、年齢は私よりはるか下ですけれども、成均館大学の鄭在晃(Jong Jae-Hewang)さんで、特に私に来て挨拶してくれという招待がありました。韓日関係が数年越しに残念な状態をぬけ出せないでいた中で、大会レセプション開会時に祝意を表する機会をあえて私にふり向けてくれた(国内からはソウル大学総長の成樂寅さん)配慮によって、政治の風向きに左右されない学術集会としての矜持を示されたことに、敬服の思いとともに心を打たれました。

四年に一回の大会の合間に、各地で小規模のシンポジウム、ラウンドテーブル、いろいろな呼び方がある集会を、国際憲法学会として開いてきています。私が出席したものだけをざっと挙げても、八四年にスイスのモラで「分権」のテーマで、八七年はエクスでの大会でしたが「主権論は時代遅れか」という報告をしたあと、九二年にロッテルダムで「憲法改正の法的性格」というふうに、その回ごとのテーマに寄せて報告をしています。九五年から九九年までの間では、九六年イタリアのトレントで「国内・国際および超国家裁判所間の相互交渉」、九八年スイスのディセンティスでは、フライナーの別荘を会議室として使って、「多元世界における人の権利と市民の権利」という大きな問題をそれなりに料理する報告をしました。

その後のラウンドテーブルでは、二〇〇七年の横浜で憲法慣習の論点、二〇〇九年のソウルで citoyenneté、citizenship ――砕けていない訳語ですけれども「市民性」あるいは「市民であること」――について報告し、それぞれ会の運行に協力をしてきました。

この横浜集会のとき長谷部、辻村のお二人とともに中心になってくれた西原博史さんが二〇一八年一月、思いもかけぬ高速道路上の事故で亡くなられたことは、痛恨事という他ありません。彼自身、国際憲法学会の執行委員会メンバーとしての新しい任務に意欲的に取り組もうとしていた矢先だっただけに、同学会の運営そのものにとって、大きな損失でした。その後は江島晶子さんが役割を引き継いでくれています。

3-2　フランス革命=人権宣言二〇〇年記念国際学会

「四つの八九年」

国際学術交流として特に私自身にとって重要だったのは、一九八九年にパリで行われたフランス革命二〇〇年の、文字通り学際的な、大きな国際集会です。ここで私は「四つの八九年」(副題は「近代立憲主義の展開にとってのフランス革命の意義」)という持論を報告の枠組にしました。一六八九年イギリスのBill of Rights、一七八九年フランスの人及び市民の諸権利の宣言、一八八九年の大日本帝国憲法、そして一九八九年のいま、ということです。

私の論文の中でも、これは特に大事な意味を持つものになりました。一週間にわたって開かれた学会で、私は東大での夏学期最後の講義をするために、最終日の総括の会に居合わせなかったのですが、会のあとイギリスのPergamon社から、会の全内容を再現した出版物(全四巻)が出ています。

八九年当時、文化相対主義、少なくとも文化多元主義と西洋近代批判が、論壇の主流となっていました。法学はどうしても西洋近代を座標とした上での議論が出発点になりますから、むしろ例外としても、それにしても同様な傾向は出てきていました。まして他の人文社会科学一般では、西洋近代の相対化、それどころか西洋近代の犯罪性をつく論調が、主旋律を奏でていました。それにはもちろん当っているところがあることは重々承知の上ですけれども、人権を論ずる憲法研究者として単純に「そうですね」と言うわけにはゆきません。むしろ私はそういう文化相対主義を相手どって、「一七八九年」の、理念としての普遍性を意識的に強調することにしました。そういう意味で、人文社会科学一般の人びとが議論し合う会としては敢えて挑戦的な報告をしたのです。それをフランスの高名な歴史家、コレージュ・ド・フランスの長老モーリス・アギュロンが正面から受け止め、最終日に、無数の報告の中から私の報告を取り出して一〇行ぐらいのパッセージを読み上げ、それを支持するという総括報告をしました。

一九八九年の時点で、一方では、現実政治の上での「西」のひとり勝ち的な傲慢さが、やがて九〇年代以降の世界の暗転を呼び込むことになるのですが、他方、「西」の自己懐疑がかえって「南」の強権支配に対する抵抗の足をひっぱることにもなっていました。その中で報告の持つ意味を、アギュロンは掬い取ってくれたということになりましょう。私は当日直接に総括報告を聴くことができなかったことを残念とする書信を彼に送り、文通の往復がありましたが、再会の機会は彼の逝去によって逸してしまいました。

そしてその後

ちなみに、その後三〇年余経ってつい最近、私より四〇歳ぐらい若い憲法学者で、比較立法協会(Société de Législation Comparée)という、フランスを本拠とする国際学会の日本対応部門の責任者になった憲法学者ジュリアン・ブードンとの対話の機会を、山元一さんがつくってくれました。彼とは二〇二〇年の二月に初対面でしたけれども、私のフランス語作品とごく僅かですけれども英語のもの、二つだけしかないけれどもドイツ語の論文(そのうち一つは毛利透訳)に即して、私の書くもので八九年以前と八九年以後とで、スタイル、傾向の違いがある、と指摘してくれました。八九年以前は、彼自身の言葉を使うと、テクニカルで法律学的なのに対し、八九年以後はフィロソフィックになっている、と言うのです。そう言われてみれば、私の対外発信に関する限りそういうことがあるのかな、と思いあたるところがあります。

3-3　国外出講とその他研究交流

フリブール出講、ケベック訪問など

さて、ここまでの話は一九九五年の東大定年までを区切って取り上げているのですけれども、その期間について外との関係で考えてみると、いま現在の体力と気力の衰えからすると自分で

も驚くほど、国外での仕事をしていました。学内で評議員の任期を終えたばかりの八六年一一月から一二月にかけ、東大の講義のない学期でしたから七週間外出した時は、フリブール大学(スイス)の二時間一〇回(「伝統と近代化のはざまの立憲主義——日本の経験の総括」)とパリ社会科学高等研究院の二時間三回(フリブールの主題を特化したもの)を中心に、グルノーブルでの講演やエクスでの共同研究打ち合わせなど、国境を何度もゆき来する、といった具合でした。

夏休みの有効利用の例としては、八五年八—九月、カナダ銀行の幹部で慶應義塾大学などに出講していたケネス・クルティスの段取りでケベック州政府の招きに応じ、文相をつとめていた憲法学者H・レミャールとの交流のはじまりがありました。

パリ滞在中の私を呼び出して、アメリカ在学中の友人同士だったという松浦晃一郎さん(当時駐仏大使)と三人での夕食に誘ってくれたのも、クルティスでした。ちなみに、のちにユネスコ事務局長の大任を果たして帰国された松浦さんに懇請し、日仏会館理事長に就任して頂いたのも、このとき以来のご縁があったればこそでした。

ジョスパン政権の閣僚もつとめた日本学者クリスチァン・ソテールとの共編著『日本における国家と個人』(前出四三頁)を出版し、仏日プレス協会の会合で主題につき共同発題をしたのも、この時期のことです(九一年一一月、パリ)。

この時期、政治・法思想史のリュシアン・ジョームとパリの会合で知り合い、学問上の議論相手として親しくなり、今に及んでいます。近年では彼自身、日本の政治学分野との交流に大いに積極的で、そのための来日の機会ごとに万般の話題で論じ合っています。

日本での出会いがきっかけで海外での有意義な機会を持つことができた、ということもありました。ローレンス・ビーアさんが仙台を訪ねてくれたことがあって、ダラム（米国）でのシンポジウム「日本国憲法の五〇年間」（八九年九月）への参加につながった例、フランス大使館文化参事官ジャン・クロード・ルドネーさんが次の赴任地アレキサンドリア（エジプト）に招いてくれて、アフリカの若い知識層が集うアレキサンドリア・サンゴール大学で二つの講演をした例（九二年三月、後述）、などです。フライブルクにコンラート・ヘッセさんを訪ね（九三年一〇月）、違憲審査の理論と運用について聴くインタヴューに応じてもらった（『ジュリスト』掲載）のも、仙台の藤田家の夕食の食卓でお会いできていたからこそ、でした。

法学者社交サークル

なお、この時期に、一九八四年ルーアン大学と八八年パリ法・経・社会大学（通称パリ第二、旧パリ大学法経学部）から、名誉博士の称号を受けています。パリのときは答礼の会を私と妻の主催でホテル・リュテシアで開き、カピタン夫人、ロベール夫妻、ヴデル夫妻ほか多くの恩師知友への謝恩の思いを伝えることができました。ハーグから小田滋先生夫妻も足を運んで交歓され、ヨーロッパのいわば法学者社交サークルの輪というものを眼のあたりにする実感でした。このときのことを、小田先生が『ジュリスト』(二〇〇二年一月一日号)に書いて下さっています。

東大在職中、つまり八〇年から九五年まで、今度数えてみたら、一五年間で国外に出たのは三一回ですから、回数で言えば、ずいぶん自制していたことになります。その後の二〇一〇年までの一五年間には五四回ですから、やはり本務校での責任は私をかなり以上に慎重にさせていたということになりましょうか。

蟻川　世良先生が比較的時間が経ってから法哲学会での先生の発言についてお手紙をくださったという点が、私には大変印象深く残っています。先生はその点を、文脈としては、仲のいい研究者仲間、先輩たちとの気心の知れた、しかし、芯のところでの厳しさを持っていた関係というお話として話してくださいましたが、そういう脈絡でとらえますと、本当にそうだなということと、そしてそれが、廣中先生が「樋口君、あれはどうだろうか」と、『民法綱要 第一巻』(創文社、一九八九年)について聞かれて、それを何十年か経ったあとでまたもう一回廣中先生が樋口先生に聞きたいと研究会に誘ったのと似て、世良・廣中が樋口先生にとってずっと重しになっているのと同じくらいに、世良・廣中にとっても、樋口先生が宿題を投げ続けているといいますか、何十年経っても考え続けるべき問題を持ち合っている。そういうまさに芯のところでの学問の厳しさというのが、世良・廣中・樋口の間にあるということの凄みというものを感じました。

樋口　『民法綱要』の記述に関連して「個人の尊重」と「人間の尊厳」について、廣中先生との議論のやり取りは、私にとって決定的なほど重要でした。内容に立ち入って第二部であらためてとりあげましょう（後出一七七頁以下）。

蟻川　今回、ところどころで、そういうのにつきものの酒の席、夜の部という話が出てきたわけですけれど、樋口先生のなかで、これもそれこそ俗流の理解で言うと、樋口は個人主義だけれども同時に実生活では、郷里の仲間、友達と夜中まで、朝まで飲む、そういう中間団体の人だということも言われたりします。私もその両面を感じることももちろんあり、それが矛盾でもあるかもしれないけれど、矛盾ではないだろうなどと思いながら、ずっと、深くは考え詰めずにいたのですけれども、前回の東北大学での話と今回の東大での話を改めてお聞きすると、学問は個人主義、実生活は中間団体の人というよりは、実生活でも非常に個人としての仲、間柄というものを築かれていて、単に中間団体に乗っかっているという付き合いではないということを感じました。世良・廣中それぞれとの間の学問の厳しさは、厳しさでもあるけれど、そのくらい真剣に生きていることが学問をすることであるような、そういう学問の面白さというんですか、酒や何やらの娯しみよりも学問が面白いという、そういうのがやっぱりあるんだろうということを、うまく言えませんけれども、感じました。

やっぱり学問が一番面白いんじゃないんですかね。それは樋口先生もそうだし、世良・廣中にとってもそうだったでしょう。酒席が面白くて飲んでいるというより、学問が面白いからそうなっている。そういう形での学問共同体というのは、樋口先生にとっては、やっぱり東北大学での経験というものが、東大に行ってからの慎重さも含め、祖川譲りかもしれないんですが、Spannung（緊張）という形で、樋口先生の恐るべき支えになっている。それがずっと一番下地のところにあって、その上にあらゆることが幸運にも積み上がっている。いろいろなことを感じるんですけれども、人とのつながりの幸運さというのも驚くべくある。それも個人として選択してきたことだし、そういう意味で樋口先生は個人主義ということを近代立憲主義の根柢に位置づけられたわけですけれども、学者としての一本立ち前にフランスに行き、いろいろな人たちとの交流というのもあって、その後、一本立ちしていく、その自分の形成史が樋口先生の個人主義のモデルになっている。それらを、個人として選びとり続けてきたという、学者としての自己形成が樋口個人主義そのものでもある。それは、やっぱり学問の恐ろしさこそが、どんな娯楽よりも圧倒的に面白いという選択を背骨とした個人主義ですね。

4　研究・教育活動の継続

4-1　上智大学から早稲田大学への一〇年間

上智大学――『憲法I』を書く

かねて親しくしていた学友、栗城壽夫さんを介して、上智大学法学部からの誘いがあって、一九九五年四月から同大学の教授として研究・教育に携わり、憲法、比較憲法の講義と大学院の授業――実際には演習の形をとるのですけれども――を担当しました。

この時期に出すことができた青林書院の現代法律学全集『憲法I』(一九九八年)は、統治機構と憲法総論に当たる部分を受け持った概論書です。これを書くについては、同じ出版社から公にしていた『注釈 日本国憲法』(上巻一九八四年、下巻一九八八年)、これは佐藤幸治、中村睦男、浦部法穂そして私の四人で分担執筆したものですが、その担当部分の記述を大幅に使っています。

早稲田大学――『国法学』を書く

引き続いて二〇〇〇年四月から、七〇歳の定年年齢に達する二〇〇五年三月まで、やはりかねてからの友人の大須賀明さんの尽力と、もともと日仏法学交流で旧知の間柄だった奥島孝康総長のはからいで、早稲田大学法学部の特任教授として招かれ、研究・教育の場にとどまりました。ここでは、大学行政にかかわる一切の義務を免除されながら専用の教授研究室と研究費や旅費を提供されるという、大変ありがたい立場でした。

私は大学の研究室で勉強することを原則とする主義で、東北大でも東大でも、自宅に書斎と言えるほどのものを持たないでやってきました。言うならば、時の経つのも忘れて一区切りつけたら窓の外が白くなっていた、というふうな生活パターンになってしまうことを、健康管理上恐れていたからです。

そうした中で、六〇歳の東大定年が近くなったころ、早くから自分の夏の研究場所を軽井沢に持っていた大須賀さんのすすめで、浅間の山麓、追分に夏の仕事場となる書斎をつくりました。かねてから低体温症ぎみで、暑さに極端に弱い私が加齢とともに、それに対する手当が不可欠になってきてからのことです。これは、研究会などを開くのに、大いに役立ちました。

早稲田で託された二つの講義のうち、比較憲法では東北大学での講義でとりあげていた西欧型の実定憲法のその後、とりわけ一九八〇年代以降の展開を組み込んだ比較近現代憲法史を、主題にしました。もう一つの国法学では、東北大講義では他日を期していた憲法思想史ないし学説史に重きを置いてとりあげ、かねてから予定していた有斐閣のシリーズの一冊として、『国法学――人権原論』(二〇〇四年)――補訂版は二〇〇七年――をまとめることができました。

着任初年度の「国法学」講義を通年傍聴して下さった中島徹さんの好意ある申し出に甘え、創文社『憲法』第三版の刷を重ねる度ごと、判例ほか憲法状況の推移を折込みの形で追うことができていましたが、のちに、それを含みこんだ第四版を勁草書房から刊行し(二〇二一年)、第五版のための成稿も渡しずみになっています。

早稲田の大学院の演習では、多くの研究者志望者や、そのOB、OGを含めた若手研究者との議論を繰り返す中で、教師としても啓発される楽しみを持つことができました。早稲田大学退職後も、これらの皆さんとは、学年度末に一度の研究会、それに加えて夏休み期間の信州の合宿を、愛敬浩二さんを中心に続けてきていました。感染症の流行が収束しない状況下、残念ながら中止を余儀なくされてきましたが。

山梨学院大学への出講

この時期、山梨学院大学の法務研究科非常勤講師として年に数回、集中講義形式で出講しました。甲府地裁の所長として在住歴のある、大学同期の小野寺規夫・法務研究科長から、協力してほしいと求められたからです。常勤の憲法担当者に加え、なお私に協力を彼が求めた意図を、いわば法曹教育にとっての教養科目の役割を期待されているものと解釈し、旧知の上條醇さんや椎名慎太郎さんとのおつき合いがあったこともあり、特殊講義を引き受けました。ある年の講義は「比較憲法および現代社会論」というふうに、毎年看板を換えて、中身をそれほど変えているわけではないにせよ、力点の置き方を工夫しながら続けました。

この時の講義を熱心に、かつ誠実にサポートしてくれた准教授の土屋清さんが、全く突然の病魔に襲われて亡くなったのは、本当に痛恨の限りでした。そのことをあとがきに記した『いま、憲法は「時代遅れ」か——〈主権〉と〈人権〉のための弁明《アポロギア》』(平凡社、二〇一一年)は、マルク・ブロックの名著『歴史のための弁明』を借越ながら真似たのですけれども、二〇〇八年度の特殊講義の記録です。

東北大での初講義以来、山梨学院大学での非常勤出講も含めて、それぞれの大学での講義をもとにして私自身にとって意味のある本を出すことができたことは、何よりも聴講者、学生諸兄姉に感謝しなければなりません。加えて、法科大学院でなおそういうことが可能だった時代環境にめぐりあわせた有難さ、を思っています。

奥平さんとduoの研究会

この時期に定期的な研究会としては、奥平康弘さんと私を囲む形で隔月の土曜日午前中、それが共通にとれる時間帯だということで、彼も長い間早稲田の大学院で非常勤講師をなすっていた縁がありますから、早稲田で続けました。私たちに続く世代の研究者たちの報告を聞きながら議論しあう会です。それに続く昼食での会話も大いに楽しみでした。

奥平さんの文字通り急逝によって、二〇一五年一月の会を最後に、この会を閉じました。特に奥平さんは国際交流の場で支えてくださることが多かった。亡くなって数日しか経たない時に故人を悼む文章を求められて、「畏敬する仲間」というふうに書き始めながら、仲間の間で「畏敬」とはそぐわないかなと、ためらいながらもそのまま通信社に送ったところ、折り返しに記者が、「ほかの言葉ではくくれない、より深く硬質な共感を書き出しのところで感じました」というふうに言ってくれたことが、いまでも心に沁みています。

七〇歳で常勤の大学での生活を終え、古稀記念論文集の献呈を受け、創文社から『憲法論集』(二〇〇四年)という名前で出してもらいました。東北大・東大でそれぞれ同僚だった藤田宙靖さんと高橋和之さんが編者になってくれて、ありがたくお受けしました。

4-2　国際学術交流への注力

まず、招聘のほうです。

私が最初の留学から帰ってからも、一九六〇年代、国内での国際的な研究交流は来訪してくれる側から、フランスなら文化使節という形ですが、向こうの費用負担で行われていたのです。日本の経済成長が軌道に乗り始めるのに従って、当然のことながら、その関係は逆になります。招くほうが行事の主体となり、それなりの算段をしなければならない。大学自身が何かの基金を持っている場合は別ですが、学外の財団等からの助成を願わなければなりません。私自身がかかわった招聘行事だけでも、それぞれの大学や日仏会館主催の形態で行われた場合をも含めて、国際交流基金、国際文化会館、社会科学国際交流江草基金、鹿島学術振興財団、関記念財団などから貴重な助成をいただきました。

二つの招聘行事――J・P・シュヴェヌマンとO・ボー

その種の行事として、私自身がその行事の中で仕事をさせてもらった二つを、ここで挙げておきましょう。

一つはジャン＝ピエール・シュヴェヌマンを招聘した時のことです。république(共和国)という言葉は、ラテン語の res publica そのまま通り、公のもの、公のこと、公事ということになります。彼は、その意味での共和国そのものの、自他ともに具体像をもって任じ、また、そう扱われてきた人です。「自他ともに」ということは、批判する文脈からのものも含めてということです。前に触れた一九九四年のル・モンド・ディプロマティークと岩波書店とが共催した企画の時に、彼とパリでテレビ放映の討議をしたことがありますが、ここでは、二〇〇八年一二月に東京日仏会館の行事として実現できた対論のことです。この時は、事前にメモの交換をしたことと仏文学者の三浦信孝さんの司会の適切さもあって、自分で言うのはおかしいのですが、会館としての諸行事の中でも顕著な成功例となりました。フロアとのやりとりも活発で、その記録を含めて、シュヴェヌマン・三浦・樋口の共著『〈共和国〉はグローバル化を超えられるか』(平凡社新書)を二〇〇九年に出版しています。

もう一つは二〇一四年九月の二日間の行事で、私個人にとっても特別の意味を持つものにしていただきました。初日は日仏会館の創立九〇周年記念春秋講座と銘打った講演会で、「ルネ・カピタンの知的遺産——共和国・憲法・ルソー」というタイトルです。その責任を私と、旧知のパリ大学オリヴィエ・ボーとのデュオで果たしました（『日仏文化』八五号）。私より二回りも年齢差のあるボーは、一九七〇年に亡くなったカピタン先生を、学生としてすら知らない世代です。その彼が、戦後の大物政治家、左翼ゴーリストの閣僚としての存在感の印象に隠れがちとなった戦前の憲法・法哲学者としての業績を、改めて紹介、出版、再評価する仕事を精力的に続けています。他方私はと言えば、フランス内外の学界の中で恐らく生き残りの門弟のわずかな一人であるかどうか。唯一そうなのかもしれません。恩師の没後五〇年に当たる二〇二〇年の一二月四日という日どりまで決め、ボーによって準備されていたパリでのルネ・カピタン没後五〇年記念シンポジウムがコロナ禍で開催不能となったことは、残念と言うほかありませんでしたが、二〇二一年七月、雑誌 *Jus Politicum* がカピタン特集号を組むことになります（後出）。

二〇一四年九月の行事に戻って言えば、初日に引き続く翌日は慶應義塾大学を会場として、山元一さんの企画で、ボーの講演にあわせ、私の傘寿への祝意という意味を込めた催しが開かれました。恩師カピタンが引き合わせてくだすった仏日をまたいでの、かつ五〇年という時間を超えた学問上のつながりを、改めて感じ取った次第でした。

国外出講——パリ、ストラスブール、エクス

国外出講の中からは、幾つか私にとって特に意味のあったものを取り上げましょう。

パリ第二大学＝旧法経学部の傘下にある比較法学院(Institut de droit comparé)の日本法の講義を、一九九八年、二〇〇〇年、二〇〇一年の三年度にわたって、フランス法専門の北村一郎さんと折半して憲法分野を受け持ちました。ある年には成績評価のための口述試験を二人でやってみて、そのことを含めて、よい経験になりました。

パリ第五＝ルネ・デカルト大学のベルナール・シャントブーの招きで二度出講(九五、九八年)した機縁での議論のやり取りは、お互いの関心を交叉させるものになりました。西欧デモクラシーを「個人主義文明の政治組織化」と定義する彼は、日本の対応を、その間に、当初「綜合 synthèse」と表現していました(概論書九四年版)が、その後、「折り合い conciliation」(〇二年版)、そして「重ね合わせ superposition」(〇六年版)へと変えています。

かつては聴講者として参加したストラスブールの国際人権研究所が催す夏季セミナーに講師として招かれた二〇〇三年は、予定の担当者が急に出講できなくなった英語クラスでの講義も

やってくれ、という求めに当惑しながらも、日本を出る間際になって英訳文の作成を若い友人に頼んで、それを読み上げるという、私にとっては甚だしい冒険を強いられました。聴き手は若手の実務家や学生、それに一般市民もいました。これはこれで、いい経験でした。ものすごく暑い年で、誰もが「カニキュール」(熱波)という言葉の連発でした。

一方、エクザンプロバンスで毎年開かれる夏のセミナーは、フランスで憲法裁判研究を主導してきたルイ・ファヴォルーをリーダーとするエクス学派が国の内外から結集する観あり、といった集いです。大きなテーマは、毎年憲法裁判が主題です。講師たちはファヴォルーの客分扱いされている仲間たち、というところでしょうか。

私が招かれたのは、その第一二回に当たる二〇〇〇年九月でした。主題は「憲法と宗教」です。講師は、私のほか二人の旧知の仲間、ミシェル・トロペールとニューヨーク大学のミシェル・ローゼンフェルドに加え、ワルシャワ大学教授で、憲法裁判所判事のK・ガリツキーでした。自分の講義の題目は自分で決められるものですから、私は、「非西欧文化圏における立憲主義の継受」、副題を「日本の憲法裁判実例の中の政教分離」としました。聴き手の側からの質問や議論は大いに活発でした。この時の記録は議論も含めて、ファヴォルーが主宰している *Annuaire international de justice constitutionnelle*, xvi, 2000 に、ほとんど逐語的に出ています。

コレージュ・ド・フランスの二週間

国外での講義として最後になったのは、コレージュ・ド・フランスの招聘教授としての二週間です。二〇一四年です。講義そのものは一週間に正味一時間で、あとは講義準備の研究を、という贅沢な話です。四週間か二週間を選んでくれということでしたが、日本の夏と違うとはいえ六月下旬の話ですから、暑さの中での体力を考えて、二週間にしてもらいました。

もともとコレージュ・ド・フランスは、ローマ教会と神学が支配するソルボンヌ——近代になってパリ大学の一学部になりました——に対して、ルネッサンス期の古典学者ギヨーム・ビュデの主導によってフランソワ一世が始めた、古典人文主義の拠点でした。今回招いてくれたのは、三浦信孝さんを通じて知り合いになった、中国研究のコレージュ・ド・フランス教授アンヌ・チェンさんでした。

講義題目は「日本近代における個人の観念の軌跡——非西欧圏国の知の歴史についての一比較憲法学者の観察」としました。よく知られているように、コレージュ・ド・フランスには特定された学生はいない。市民一般に開放され、質問や応答を含めて映像と録音が公開されているという、私のような半端なフランス語表現でやり繰ってきた者にとっては、はなはだ面はゆい話ですが、そういうシステムになっています。かねてからよく知っていたミレイユ・デルマス＝マルティさん――アカデミーの会員でコレージュ・ド・フランスの名誉教授です――が顔を出してくださったのには、恐縮してしまいました。大部分は市民なのです。

なお関連して言えば、その一〇年前の二〇〇四年にフランス学士院の人文社会科学アカデミーの「コレスポンダン」（国内の人もいますから意訳して準会員）に選ばれています。国際憲法学会で旧知の間柄だったイタリアの法学者マウロ・カペレッティが亡くなったあとの席に選定されました。あわせて言えば、彼が仙台での日本民事訴訟法学会に招かれてやって来た際、カペレッティの書物の若き日の翻訳者だった京都の谷口安平さん夫妻ともども、仙台自宅の夕食に来ていただいた一夕の思い出があります。

ヴェニス委員会の活動への参加

出講とは別に、国外での講演やシンポジウムなどへの参加の中で新しい経験となったのは、国際交流基金と外務省の依頼を受けて、通称ヴェニス委員会「法による民主主義のためのヨーロッパ委員会」の活動にかかわったことです。Council of Europe（ヨーロッパ評議会）の活動の枠組の中で、一九九〇年にヴェネツィアで発足したのがこの会議体です。その日付が示すように、八九年以降の東欧と旧ソ連構成諸国の大きな変動を受け、後に南アフリカ共和国も含めてですけれども、新しく「民主主義」のサークルの中に入ってきた諸国のための立法支援が、大きな役割でした。

その一環として、Uni Dem――「デモクラシーのための大学」という呼び名をつづめたものです――を毎年開いていました。日本はCouncil of Europeの加盟国ではないけれども、いわゆる自由民主主義の重要な一員ということで、米国、カナダなどと共にいわば客分参加していて、九四年から日本も応分の関与をするということで私にご相談があったのです。九四年は日程の繰り合わせがどうしてもできませんでしたので、大須賀明さんに代わってもらい、翌年以降、ストラスブール、ポーランドのヴロツラフ、フランスのナンシー、グルジア(ジョージア)のトビリシでのセッションに出席して、それぞれ短い報告をして討論に参加しました。ジャック・ロベールをはじめ、旧知の学者たちと同席することも少なくありませんでした。

九九年に予定されていたモルドバの会合は、現地の紛争が激化して中止となりましたが、いわゆる民主化支援の難しさ、あるいは先回りした民主化支援の難しさを思い知らされる面がありました。会への参加そのものは、私にも非常に参考になって有益でした。ルネ・カッサン記念基金の活動(前出)で知り合ったG・ブッキッチオさんがヴェニス委員会の運営に当たっていて、ごく近年、東京で再会できたのもうれしいことでした。

ベトナム、台湾、韓国、ニューカレドニア

他方、民主化支援の文脈で、ベトナムとの関係があります。こちらのほうは、緩急あるいは消長、決して一本調子ではないということを含みながらも、前向きに進んできていました。ベトナム研究に早くから打ち込んできておられた坪井善明さんの周到な肝煎りで始まった活動で、JICA（国際協力機構）が全面的にかかわり、それと衆議院法制局長の橘幸信さん、JICAのOBで現地で余人をもって代え難い働きをしておられた花里信彦さん、こういうチームワークもあってのことに違いありません。学界からは高見勝利、長谷部恭男のお二人と私が相談に与るという中で進んできていました。私自身二〇一四年、一五年、一八年の三度にわたってハノイに行き、講演やセミナーへの参加を果たしてきました。

同じアジアで台湾との交流では、遡って私が東京大学在任中に許介鱗さんと李鴻喜さんをそれぞれ研究員として迎える機会があって、その後、お付き合いが続く中で行き来を繰り返してきました。その間、中国語を自由にする比較憲法学者の松平徳仁さんが重要な役割を担ってくれてきています。英語を能くし米国の研究者たちとも多くの交流を持つ松平さんは、その点で

も、英語圏学者との接触の場を時に応じ私に提供してくれています。

韓国との間では、日本学士院が大韓民国学術院と、学士院としては他国の対応する機関との間では唯一、定期的な学術交流の枠組をつくっています。ソウルと東京で交代しながら、毎年日韓学術フォーラムを定例化してきています。その第一回を二〇〇六年に東京で行い、その時のテーマの一つが違憲審査制で、旧知の金哲洙さんが韓国側から報告なさるということで、その相方を私が務めました。それ以後、日本学士院の役員としての参加を含め、東京ではもちろん、ソウルでの会議にも数多く参加してきました。

それにもともと、韓国の民主化が本格化する前の段階で早くから、金哲洙さんと丘秉朔さんを中心とする韓日法学会との交流があったのです。近年で言えば、ソウル大学、成均館大学のほか、大学主催の研究交流事業にも加わることを繰り返してきました。たとえば二〇一七年五月、翰林大学(春川市)の李禮安さんの招きに応じました。特に二〇一八年六月、国際憲法学会の第一〇回世界大会にあたって、大会実行委員長の鄭在晃さんが示された日本と私に対する特別な配慮のことについては、前に触れた通りです。

一九九六年八月、ヌメア(ニューカレドニア)のフランス・ポリネシア大学への二度目の出講をしました。前回、フランスから学部長として派遣されていた旧知のイヴ・ピモンさんに招かれた九二年九月のときに知り合った日本人会の人たちとも交流しながら、数日滞在を延ばして避暑(現地は「冬」ですが)の骨休みをしました。

国外記念論文集への寄稿

私が六〇歳代のころ、国外の記念論文集への寄稿がとりわけ多くなります。近い年齢層の仲間たちの退職記念とか年祝い、それに残念ながら追悼論集というふうな節目の巡り合わせゆえのことです。そのような論文集への寄稿として、一九八四年の一つを別にすれば、一九九八年から二〇〇〇年までの時期にフランス、スイス、ドイツ、ギリシャ、旧ユーゴ(セルビア)、ベルギーの友人たち、それにわが小田滋先生の場合も出版社はオランダでしたからあわせると、一三人の方々の記念論文集に書いています。これらはほかの外国語論文とともに、私の三つの欧文論文集のいずれかに入れてあります。

仙台時代から一九八〇年代までの間は、国外で発表する私の論稿は、日本近代の憲法状況を歴史と比較の座標に乗せて私なりの視点から分析し、議論の材料を提示する、という型のものでした。この段階になると、意識的に一般理論の場で問題を投げかけることに力点が移ってきます。私の書くものが法学的からフィロソフィックに移っているという、J・ブードンの感想

（前出）はそのことを反映しているかもしれません。いずれにせよ、ここで言及した一三篇のうち日本のことを主題にしたのは一篇だけ、というところにも、そのことが出ています。

蟻川　すごいですね。記念論文集だけで一三というのは。

樋口　ある時期に集中的に、という点ではそうかもしれません。

蟻川　日本国内でも一三書く人なんて、なかなかいないと思いますから。

先生は、お宅に書斎を持たないということは、基本的に夕食後はあまり研究はされないという形だったんでしょうか。

樋口　若い時は研究しないで外で飲み歩いて（笑）。

蟻川　それが研究と重なってもいると思うんですが。

先生は、何時に起床されて、ご就寝は何時ぐらいというのは、大体決まっていらっしゃったんですか。

樋口　仙台にいたころは、子どもが小さい間は米ケ袋から東北学院大学の裏手の通りの土樋というところにある幼稚園に子どもの手を引いて一緒に行って、学院大のグランドから入ると片平丁のキャンパス、というわけでした。だから、九時前には研究室に来ていた。

蟻川　早いですね。でも、お酒を飲まれていた時なんかは、一二時前には寝ないですよね。

樋口　いつもそんなに遅くはならないですね。外で深酒したんじゃない時は、一〇時ぐらいに一番町とか国分町からブラブラ歩いて、片平キャンパスを抜けて、独身時代の藤田君は近くに住んでいたから「寄らない？」と言うと寄ってくれて、そこで一時間ほど食後酒を飲んだりというコースはあったね。

蟻川　先生はお酒も強いですよね。昔から。それは家系なんでしょうか。それとも先生ご自身の……。

樋口　父は強かったんじゃないかな。兄貴(＝伯父)が元気な時は郷里に帰るとそれこそ朝まで飲んだ、とかよく言っていたから。でも、胃潰瘍をやって、私の子どものころは、家にはお酒はなかった。

いろいろなことを瞬間的に思い出すけれども、誰かと、東北大のころ、トイレで出会ったとき急に思い立って、秋保だか作並に、温泉に行って一杯やろうよということになって、そこでは二人だったから誰かを誘って三人だか四人で行ったことがありましたね。

蟻川　同僚とですか。

樋口　うん。

蟻川　どなたと？

樋口　世良さんは必ずいた(笑)。

蟻川　世良先生や何人かのなかで、樋口先生よりお酒の強い方というのはいらっしゃったんですか。廣中先生はいかがですか。お身体を悪くされたような気もしなくもないんですが。

樋口　一時期あったね。だけれども、酒をやめるほど健康を害したという話は聞かない。

蟻川　そうですか。私の印象では長谷部恭男さんもお酒は強いと思うんですけれども、樋口先生からご覧になって、世良、長谷部、樋口だと、強い順というのはどうでしょう。

樋口　それはやっぱり、大鵬がいくら強くても、やっぱり双葉山にはかなわないとか、雷電にはかなわないとか。

蟻川　甲乙付け難い。

樋口　遡れば遡るほど伝説化するじゃない。

4-3　専門外・知の世界との対話

ゆるやかなトリアーデと私

加藤周一、井上ひさし、大江健三郎のお三方のことです。井上の言葉で私が好きでしばしば使わせてもらっている、「自分自身を砥石にかける」という言い方があります。古典であれ、同じ時代を生きた先学の業績であれ、考えてみれば専門分野での研究についてはまさに当てはまる表現です。専門の世界の外に向けた発言や行動の場面では、砥石は自分自身が見つけるほかない。私にとっては加藤、大江、井上がゆるやかに形づくるTriadeが砥石になってきた、という意味です。

加藤さんの本との出会いは、前に触れたように、『抵抗の文学』です。仙台一高の当時はドイツ語びたりでしたから、その私をフランスに向けさせてくれた本でした。加藤さんの作品としては、『抵抗の文学』より早い『１９４６・文学的考察』（共著）も私にとって重要でしたけれども、それを手にしたのは、大学生になってのころだったと思います。

著者ご本人と接するようになったのは、東京に出てきた八〇年以降です。信州と東京での三回の対論で、『時代を読む――「民族」「人権」再考』（一九九七年）という本にまとめた時は、美術関係を多く手がけてきた仙台一高同窓の友人で編集者の木下邦彦が、推進してくれたおかげでした。彼は美学者としての加藤周一さんの近いところにいたのです。

『羊の歌』（岩波新書版）何刷目かのとき求められて書いたオビに、いまでも自分ながら気に入っているのですけれども、「この羊は群れない。その目はやさしいが鋭く、たちまちにして牧者の真贋を見破る」――前後にもう少し文章があるのですが――と記したのは、パリでの行事とか北京から成都へのご一緒の旅を終えて、追分のお互いの居場所を行き来するまでのお近付きになっていく中での実感でした。

その加藤さんが亡くなった二〇〇八年、「北極星が墜ちた」という言葉で故人のすべてを言い尽くしたのが、井上ひさしでした。

遡ってその三〇年前、その井上作品のために大江さんが新聞の文芸批評欄の一回の全スペースを充てて、「「流行作家」にはちがいない」井上が、「いわゆる「純文学」の域を越えて、一九八〇年代の日本文学をうらなう仕事となろう」と予告しています。一九七九年のことです。この大江さんの文章の対象になったのは『しみじみ日本・乃木大将』という芝居です。そうして、大江さんの文章の最後は、まだ連載中だった『吉里吉里人』――こちらは戯曲ではなくて小説――に充てられています。『しみじみ日本・乃木大将』と、まだ連載中の『吉里吉里人』とあわせて、そのような井上評を大江さんがしています。そして、加藤さんが書いていた『日本文学史序説』下巻の最終章の最後の二段落は、大江と井上への言及によってしめくくられます。これが一九八〇年です。

私は、お三方とそれぞれ別の機縁があって近くなる間柄に恵まれていましたが、そのこととは別に、加藤と井上と大江という大きな輪が私にとってひとつの宇宙を形づくっていたわけです。

井上芝居の初演の劇場で大江さんとお会いしたことは一再ならずでしたし、別々の目的でパリに出かけるエール・フランスの機上で何と隣席という偶然に出会ったこともありました。二〇一六年、立命館大学の加藤周一現代思想研究センター開所のセレモニーで記念講演を託された大江さんが加藤周一の時代批評精神へのオマージュを語るのを聴く場にも、居ることができました。直近では、私自身、大江さんが世を去られた二〇二三年三月、新聞社に求められて話した談話を残しています。ここではあらためて、井上の没時、一つの偶然が井上、大江、私三人の、現実にはあり得なかった仮想の会話を誘い出したことだけは、文字にとどめておきたいのです。

井上が世を去って一カ月以上経ち、ようやく亡友を悼む短文を新聞社にＦＡＸで送ることができた二〇一〇年五月初めのある日の明け方、新聞受けに届いた同じ新聞で大江さんが毎月の「定義集」の寄稿で井上を語って、「私をとらえている崩壊感は、これまで経験した域をはるかに超えていました」とありました。私自身、その一時間ほど前に新聞社に送った原稿の中に、「いまは吸っている空気の質も量も違ってしまったような喪失感」と書いていたのです。翌日の朝刊でそれを読んで大江さんが、深く共感する書信をくだすった。それを私が手にしたのは数日後、新潟でのある所用から帰宅してからのことです。すぐに大江さんへの返信に私が書いたのは、「三人が出会ったのです」ということでした。そういうことを含めて、物書きとしての私自身にとって、加藤さんを含めて砥石としての三人ということです。

人と人との出会いということにかかわって、ひとつの感慨があります。立命館加藤センターの柱となって大きな役割を負い続けている鷲巣力さんを識ったのは加藤没後のことであるだけに一層、故人が私に差しむけてくれた信頼する友人、という実感の重みを受けとめています。

フランスというなかだち

社会学者日高六郎さんとのご縁は、ご夫妻のパリ移住の生活に関連して、私がなにほどかのお役に立ったことがきっかけでした。パリ近郊に広い庭付きの瀟洒なお宅を持ちながら再入国できない事情が持ち上がって、ご夫妻から会いたいというご相談を受けた私はフランスの有力な友人の力を借りて、問題を解決することができました。当時は私自身頻繁にヨーロッパと往復を重ねていた頃でしたから、そのことがきっかけとなって、何度もお宅に伺ってご馳走になりながら、万般の話題を楽しむと同時に、日高社会学を再読すべきことを、自ずと刺激されたのです。最晩年は日本に戻られ、二〇一八年、一〇一歳で長寿を全うされました。その年の九月、京都で日高六郎を語る会があり、求められてそこで話したことを内容にしたものを岩波新書二〇一九年発行の『リベラル・デモクラシーの現在――「ネオリベラル」と「イリベラル」のはざまで』に収めました。

「クリティク」という知のいとなみを「緊張と危うさを孕んだ愛着」とみごとに定義する工藤庸子さんの『評伝 スタール夫人と近代ヨーロッパ』(東京大学出版会、二〇一六年)に、求められてオビに小文を書きました。かねて著者の作品群を頂戴し、「ヨーロッパ」と知の世界で向き合う視線のありようについて、強く示唆を与えられていたからです。

次は在日フランス大使館と日仏会館などとの関連です。

二人の恩師、石崎政一郎先生とルネ・カピタン先生のご縁に引かれるように、とりわけ私が東京に出てきてからは、かかわることが多くなりました。そのなかで、歴代フランス大使、わけてもモーリス・グルドー゠モンターニュ大使、フィリップ・フォール大使のお二方とは、特に親しくさせてもらいました。歴代の文化参事官のなかでもジャン・クロード・ルドネーさんが東京の任務のあとエジプト在任中に私を招いてくれ、二つの講演をする機会を得た経験(前出一一〇頁)なども、在日フランス大使館でのお付き合いの縁の広がりというものでした。憲法院判事ノエル・ルノワールさんとの日本での出会いは、二度の憲法院訪問の協議につながりました。院内で一度目は昼食、もう一度のときは朝食を共にしながらでした。

日仏会館理事長として私自身在任した短い期間（二〇〇七年四月―一〇年一〇月）の前後を含めて、会館の内外で多くの方々とお付き合いの機会を得ました。とりわけ、理事長在任時代に副理事長として一貫して私を支えてくださすった水上萬里夫さんは気骨の経済人で、高橋幸八郎ゼミ生の教養人として親しくしていただいています。会館に入居していた通称フランス事務所（私の理事長在任時の公式名称はUMIFRE 19-MAEE-CNRS）とは、家主と店子という限りでは利害相反の関係に立つこともありますが、理事長がそういう場面と無縁で相手方と友好関係で終始できたのは、ひとえに水上さんの配慮のおかげでした。

パリの日本文化会館については、お誘いをいただいて、一九九七年の創立から一〇年の間、運営審議会委員を務めました。年に一度、この審議会はパリで開かれるので、その機会を研究上の打ち合わせや小集会のためにも、ありがたく活用できました。かねて存じあげていた磯村尚徳さんが初代館長で、天性の明るさとソシアビリテ、あったであろうご苦労は大変なものだったと思いますけれども、それは一切外には見せず、会館の運営を軌道に乗せるという大業を果たされたことに、本当に敬服しています。

審議会で同席した岸恵子さんとは、お住まいのあるサン＝ルイ島で私の行きつけの蓑寿司で偶然お会いしたこともあります。お邸は想像するだけですけれども、私自身同じサン＝ルイ島で、それと対照的な一部屋のステュディオに半年間住んでいたこともあって、その縁でこの店には、私はパリに行くたびごとに顔を出していたのです。ごく最近、岸さんがその並はずれてゆたかな人生を美しく、誠実に、そして力強く生きぬいてこられた航跡を語った『岸恵子自伝』(岩波書店)を頂戴することができました。

パリ「大学都市 Cité universitaire」日本館の歴代館長の中でも、ボアソナード研究の大久保泰甫さんに加え、特に永見文雄さん夫妻や西永良成さん夫妻とは、文学と法学という専門の違いを越え、私として啓発され続けています。

専門分野をまたぐ対話

いろいろ外国から学者を招聘する時にお世話になった大きな財団の名前を先ほど挙げましたが、規模としては小さいけれども、関記念財団は、実業人だった篤志家、関博雄氏の基金によって運営されてきた研究助成財団で、経済学者の友人、加藤栄一さんに誘われ、この財団の仕事にかかわりました。助成事業のほか、財団自身の事業として、講演や討論、聞き取りの記録を非売品としてつくっています。例えば『敗北からの出発――戦後教育をめぐって』(二〇〇三年)、『現代史二講――日露戦争と朝鮮戦争をめぐって　和田春樹さんに聴く』(二〇一二年)、加藤九祚『わたしのシベリア体験から――Das Leben ist gut.』(二〇一五年)などです。加藤さんは、五年間の抑留生活から生還された後、中央アジア、シルクロードを探索しつつ多くの著作を出し、大佛次郎賞、南方熊楠賞、パピルス賞などを受けた方です。

この財団の運営は、関氏の縁続きであった菅井深恵《みえ》さんが理事長として運営を取り仕切っていました。中山道中津川の豪商の出自で、東大社会科学研究所の研究員をして、その前に留学もなすった女性です。財団がとりわけ中東研究にいささかの助成をしていたご縁で、数回にわたって三笠宮崇仁殿下のお話を伺う機会がありました。特に二〇〇六年の春と秋、宮地正人さんや久保敦彦さんなど数人で両国と本郷で鍋を囲みながら、殿下幼少期の思い出から、世相や各界の動き、そして戦争と平和を軸にした日本の近現代史まで話題が及びました。録音を再生した原稿をもとに、財団の非売品出版物『時勢放談』にまとめました。宮様のお立場を主催者なりに考えた上で、談論風発の雰囲気をあえてそのままに残した原稿を起こしたものをご覧にいれたところ、詳細な朱筆を丹念に自ら入れられた殿下から、「内容は命がけの悲壮なものが多い。それにふさわしい表現にしたい」と注意を促す添え書きをいただいたのです。いまなお襟を正す思いです。菅井さん宛の直筆の書信のコピーを私は大事にしてきました。

次は、レジス・ドゥブレのことです。一九五八年に政権に復帰したドゴール大統領の下で最初に首相を務めたミシェル・ドゥブレ(Michel Debré)さんとも話をしたことがありますが、それとはスペルが違うRégis Debrayで、日本にも複数回来ています。キューバからボリビアに転じそこで活動中に殺されたゲバラの盟友です。ゲバラと同じようにキューバ革命でカストロの客分として活躍した活動家であり、政論家であり、文明批評家です。

「共和国 république」という言葉のラテン語の原義はres publica、公のもの、公のことです。明治初期の先覚者は、全国人民の公有物としての国家、という訳語表現(中江兆民)を残しています。レジス・ドゥブレはフランスの論壇でそれと同じことに改めて注意を促して、フランスをリパブリック、それと対照的にアメリカはデモクラシーという対置をした。そういう角度からフランスとアメリカの社会を対照させたのです。そのドゥブレ論説の翻訳に加えて、三浦信孝と彼の直接の対話を収めた企画があり、それに仏文学者の水林章と私が加わって、『思想としての〈共和国〉――日本のデモクラシーのために』(みすず書房)を二〇〇六年に出しました。その一〇年後、さらに歴史学者水林彪が加わった増補新版を出しています。

若林啓史『中東近現代史』(知泉書館、二〇二一年)は、中東に外交官として長く在勤し、歴史研究を含め著作を重ねてきた著者が東北大学出向時の講義を本にしたもので、求められて跋文を寄せました。本郷キャンパスでの演習以来の文縁ゆえのことですが、この本には著者にとって専門領域での恩師、板垣雄三さんが序文を寄せて下さっており、私との二人を囲む「放談会」形式の会合が松本(二〇一七年)と仙台(一八年)で催され、記憶に強く残る行事となりました。

大学セミナーハウスにもここで触れておきたい。

公益財団法人・大学セミナーハウスからの求めで、第一線の憲法学者、石川健治、蟻川恒正、宍戸常寿、木村草太の四名の方々に協力を願って、「憲法を学問する」という題目でセミナーを実施しました(二〇一六年六月)。かねて日仏会館の運営をともにしてきた仏文学者の鈴木康司さんがセミナーハウスの館長として、戦中世代としてのご自身の体験から憲法を主題とする企画(開館五〇周年行事の一環)を立て、それへの協力を求められたのです。聴き手は学生、院生に社会人をとりあわせ、約六〇人を限っての一泊二日の勉強会です。話すほうは私を含めて五人とも憲法研究者ですけれども、聴き手は強いモチベーションを持った参加者たちで、分野を越えた対論の場がそこで展開するという意味で、専門横断型の仕事の一つとして考えたいのです。近年の憲法状況に対する関心に裏付けられた、充実した経験でした。それ以後も続いて開催され、二〇一七、一八年は私を含めて五人、一九年＝第四回は健康状態から私は日帰りの半日参加、二一年＝第五回以降も私なりになんらかの形でのヴィデオ参加を通してかかわりを続けてきました。聴き手との間での専門の差をまたぐ対話のいい例となったと思います。

映画倫理委員会（映倫）への関与は、設立時の宮沢俊義先生以来、齋藤眞、伊藤正己の両先生と続いてきた責任を担うことの意義を説かれて委員を引き受けました。私の在任中の多くの期間を通して委員長を務められた作家の井出孫六さんと、この機会にお近付きになれたことを感謝しています。

順不同ですけれども、専門をまたぐ例のひとつとして、ある時、その時点で検事総長であられた原田明夫さんが休日に信州の私の書斎を訪ねて来られ、刑事司法についての私的懇談会のメンバーになってほしいという要請を受けました。その前に、共通の友人がつないでくれていたご縁があって、文人風のお人柄は存じ上げていたのです。何回か間をあけて懇談会は開かれ、冊子が残されています。

そのメンバーに作家の山崎朋子さんがおられた。憲法に関する市民集会など、よく顔を出してくださって、励ましを受けていました。亡くなられるのに近い時点で文庫化（朝日新聞社、二〇一七年）された『サンダカンまで──わたしの生きた道』というご自分の回顧録に書かれている通り周知のことですけれども、お若いころに受けた傷害事件のことがあって、当時の公の記録を見たいにもかかわらずなかなかアクセスできないということで、相談を受けたのです。連載中の雑誌の編集者が行っても埒があかないという話でしたので、佐藤道夫参議院議員——札幌高検の検事長で退任されたあと議員になられた、気骨ある、高校・大学同窓の二年先輩で、よくお人柄も知っていました——に相談したら、つい最近その「開けゴマ」が開いているはずだ、現場までそれが行き届いていないんじゃないか、と早速調べてくだすったら簡単に「ゴマ」が開いたということがありました。

憲法政治の脈絡で

細川護煕さんについては先に話しました。そのあとを言えば、都知事選にあえて立候補されたとき、応援に力を入れた菅原文太を応援する気持ちを含めて、街宣車の近くで妻ともども無言の激励を何度か繰り返しました。このとき同じ仕方で態度を静かに、しかしはっきりと表明され続けられた澤地久枝さんと何度か隣り合わせ、敬意を深くしています。

ここでは、まず土井たか子さんで、もともと旧知の憲法研究者の間柄です。年月をへだてて衆議院議長を退任された時、政治学者の石田雄さんに同行してくれないかと誘われ、「それならばご一緒しましょう」と私が言ったのは、「衆議院議長という役目を終わって社会党の党首に戻るよりは、前職の立場、つまり党派を越えた立場に立ってやっていただきたいことがある。あなたも賛成してくれるなら一緒に行ってくれ」ということだったからです。党派を越えた政治家の立場に立ってアジア外交をはじめ積極的に働くことのほうを選んでほしいと、そういう要望をしに行ったのです。しかし結果としては、社会党への彼女の思いを打ち負かすことは無理というものでした。

小田実さんとの直接の対話は、惜しくも結果的にご本人の最晩年の一度だけになってしまいました。二〇〇六年一〇月のある日、私の東京自宅に訪問を受けたのは、小田さんほか一〇四八名の原告が提起した自衛隊イラク派遣の違憲確認を求める訴訟でいわゆる門前払い（却下）の大阪地裁判決が出た直後、何度かの書信の行き来をした上でのことでした。『何でも見てやろう』以来畏敬の思いとともに小田さんの活動を見てきた私としては、限られた出番の範囲内で世の中とかかわることを基本にしているが、そのことを理解してくれた上で自分に出来ることがあればよろこんでしたい、と話しました。

あえてこの脈絡でもう一度、星野英一先生との会話で文字にとどめておきたいことがあります。二〇〇四年から五年にかけ、自民党が「新憲法草案」を公にする一方で、民主党も「未来志向」を掲げる改憲構想を出すなどの状況があり、やがて憲法改正のための国民投票法が成立する、そういう流れに向かっていました。その中で、二〇〇四年四月のある日、先生からの求めで喫茶店でお会いした時のことです。憲法問題について、研究者を中心として何らかの会をつくって対応する必要があるのではないか、というご相談でした。かつて憲法問題研究会で我妻栄先生が果たされたことを、アカデミズムの中心地点にいる自らの責任と考えられてのこと、と私は受け止めました。

星野先生の危機意識を刺戟した当時の改憲論は、それでも少なくとも表むきには、戦後日本の歩んできた途を基本的には肯定した上でのものでした。先生は二〇一二年急逝され、その年末、自国の憲法を「みっともない憲法」と呼んで憚らない首相が、日本憲政史上最長となる政権の座につきます。先生の思いは、より市民に広く開かれた加藤周一ら九人の知識人による九条の会、憲法学者では奥平康弘さんが加わったあの会によって受け止められ、二〇一四年から一五年にかけての、ともかくも一時期国会周辺を埋め尽くすほどの市民活動につながったのではなかったか、といま振り返っているところです。

二〇一四—一五年の動きの中で

その二〇一四年から一五年にかけて、憲法状況に直接向けた発言、時によっては小さくとも行動を、私も何がしか、した時期がやってきます。二〇一二年一二月、安倍政権が成立以後、目に見える形で急展開してくる状況が、まず九六条改憲のこころみとして走り出しました。二〇一三年四月のある日、岩波書店で別々の編集会議が無関係に二つあって、あわせて一〇人ほどが顔を合わせたことがあり、そこで九六条の会となるものが立ち上げられることになりました。一〇人ほどがテーブルを囲んでいる中で、誰に代表になってもらうかということで、私の名前が挙がった。私が当然のことながらためらっていたら、「じゃ、二人で」というふうことを誰かが言ったのか、そうしたら隣に座っていた奥平さんが小声で「君一人がいいよ」と言うので、私もその意味を自分なりに理解して、「わかりました」ということになりました。

九六条の会の仕事始めは六月一四日、上智大学での発足集会です。用意した講堂のみならず念のため準備していた別の部屋もたちどころに満杯になり、小さい部屋を含めて合計一二前後の会場を大学側も全面的に使わせてくれました。主会場で私が話をしてから、ほかの方が話をしてくだすっている間、残りの会場を歩きました。翌月、同志社で同じような趣旨の会があって、祇園祭の日でしたけれど、日帰りで往復しました。

そして二〇一四年七月一日が、集団的自衛権行使を可能とする九条解釈変更の閣議決定です。そういう中で、九六条先行改憲という迂回戦術ではなくて、実質内容が主題になってきます。

そこで九六条の会に賛同してくれた方々のほとんどが立憲デモクラシーの会という形で結集することになり、私と政治学者の山口二郎さんが共同代表をつとめることになりました。こうして、七月四日、学習院大学で三谷太一郎さんと加藤陽子さんが演壇に立ちます。

翌年の二〇一五年六月六日、東大の二五番教室で、佐藤幸治さんを主要な話し手、加えて石川健治、杉田敦の二人、という会合が開かれます。私自身、もと内閣法制局長官の大森政輔さんを中心とした、「国民安保法制懇」に加わります。憲法学者から、長谷部恭男、小林節、愛敬浩二、青井未帆、実務・実践の立場から伊勢崎賢治、伊藤真、もと官界から孫崎享(外務)、柳澤協二(防衛)、幹事として川口創弁護士、という会です。

そういう中で、二〇一五年四月二九日、アメリカ合衆国の議会演説で、安倍首相が安保関連法を夏までにつくるという約束をします。その通り、九月一九日に成立し、九月三〇日に公布されます。この年の五月三日には、横浜の港に近いところでの野外大集会で、鎌田慧さんからの要請を受けて、大江さんから始まる順番で、自分には不似合いな演壇に私も立っていました。司会者は木内みどりさんで、それ以前から夫君の水野誠一さんを含めて時を過ごす機会をつくってくれていて、松元ヒロさんを聴きに行ったり、それはそれでとてもうれしいお付き合いだったただけに、木内さんが早逝されたことは、ただただ残念という他ありません。

六月一九日、私自身国会前に行き、SEALDsの若い人たちの時間帯をもらって、みかん箱の上に乗って話をしました。周りの若い人たちの間に知った顔の人はいなかっただけに、私としては、ひとりでやれることで、やるべきことをやった、という記憶です。

二〇一五年の春から夏にかけて、新しいお付き合いの人たちと仕事をしました。菅孝行さんとは以前から書いたもののやりとりがあったのですが、今回の対論は一九年に出た菅さんの著作集(『天皇制と闘うとはどういうことか』航思社)の中に収められています。小林節さんとは、集英社の新書『「憲法改正」の真実』を二〇一五年に出し、その年の参議院選挙に小林さんが立候補した時は、自分にできることで応援しました。もと自衛官の泥憲和さんとは図書新聞で対論をし、仙台の市民との座談集会でも二人で話をしました。小沢一郎さんとは、二〇一五年の四月と七月に、それぞれシンポジウムに参加しました。壇の上に上がった数人の中には、日本史学者の小路田泰直さんや政治分析の堀茂樹さんもおられます。

仙台一高四人組その後

仙台一高四人組のことはずっと前のところで話しましたけれども、そのなかで、井上ひさしが二〇一〇年に亡くなっています。憲法状況にかかわるような事柄は何度も二人で対論をしていますし(特に『「日本国憲法」を読み直す』、現在、岩波現代文庫)、共通の場所に出たことも多かった。私にとり一学年年上の義弟に当たる一力英夫(前出七一八頁)は、四人組のいわばフィクサーでしたが、二〇一三年に亡くなりました。仙台の有力家系の出ということと、日本の代表的な新聞社の役員ということに加え、彼自身の独特な性格から、まさにフィクサーというにふさわしい人物でした。身内の彼のことは、ごく短く書いたことがあるだけです(『時代と学問と人間と』青林書院、二〇一七年、九一一一頁)。

四人組のうち二〇一四年まで生きたのは菅原文太と私だけということになりました。彼との公の場でのかかわり、res publica との関連を、憲法という文化のため、そして友人菅原文太のために、記録に残しておきたい。遡れば、一九八九年の『法学セミナー』五月号、七月号に、当時話題であった『吉里吉里人』に仮託した憲法論を、井上ひさしを含めた三人でしています。近い時期に限ってつけ加えれば、二〇一二年に「日本人は何を考えてきたのか」というNHK・Eテレの連続番組の明治編で、「自由民権　東北で始まる」というタイトルの下、色川大吉さんと私との三人の議論を彼がリードしてくれました。調べ事を尽くした上で大胆に語る文太流の史論は、彼の没後になって公にされた半藤一利さんとの対論『仁義なき幕末維新――われら賊軍の子孫』(文春文庫)で、縦横に語られています。なお彼については私自身、『現代思想』臨時増刊号（二〇一五年四月）の「総特集　菅原文太――反骨の肖像」に書いています。

彼との最後の年になる二〇一四年の五月、甲府の市民集会に同行しました。あの沖縄大集会での短い名演説は一一月一日です。その月の一六日に、会津若松の牧師さんの求めに応じて私と二人を話し手とする憲法集会に行くはずでした。その前々日に彼から直接電話があって、どうしても体の具合で行けない、代理に佐高信を頼んだから二人でよろしくやってくれ、という電話でした。しっかりした、いつもの低音の声で、「いいワインもらったから、今度二人であけよう」と言って電話は終わりました。永別は同じ一一月の二八日でした。一一月一日の沖縄は、本当に気力の限りを尽くし切ったのです。

5　ベースキャンプ撤収に向けて

ここで、私の六〇歳以後（Ⅲの4の全体）を振り返っておきたいのですが、その時期が始まるのは一九九四―九五年、私が自分自身で予定していた研究者としてのキャリアに区切りがついた時期です。東北大学から始まって東京大学で六〇歳の定年が、誕生日を過ぎての年度終わりの九五年ですから。それ以後、上智大学、早稲田大学という常勤の職場で学生や院生諸君にも恵まれて、研究者、教師としての生活を続けることができたのは幸いでした。

古稀と傘寿の節目

七〇歳(古稀)を節目として、およそ教師として常勤の職場から退いたわけですから、二〇〇四―〇五年は、そういう大きな区切りという意味を持つことになりました。それに先立って、私の古稀を祝ってくださる方々の論文集の献呈を受けたことは前に話しました。

それから一〇年経って、石川健治さんが編者になり、『学問／政治／憲法――連環と緊張』が出版されました。書き手は東京大学で研究助手や大学院生として直接に私と接触のあった方々に加え、いわば客分として長谷部恭男さんが参加してくれ、それぞれ力作の論文で分厚くなった書物を、私の傘寿を祝うという思いを託して岩波書店から出していただきました。とりわけ、二〇一四年の暮れに出た本ですから、執筆者の皆さんがそれぞれに、時局的な状況の中で、きちんと本来の土壌である研究の場を耕し続けてきてくれていたことの証明にもなる出版だと思いました。次世代の研究仲間たちの継続した研究蓄積が、何よりも嬉しいことでした。

翌年、二〇一五年の四月、執筆者と編集者の方々に仙台で集まってもらい、合評勉強会をしました。蟻川さんの最初期の門下生である、そして東北大で蟻川さんを継いでいる中林暁生さんが合評の報告をしてくれました。その前夕、かつての東北帝国大学の文人墨客たち、漱石人脈に加えて鷗外の実質上門弟と言っていい木下杢太郎＝太田正雄といった人たちが会合を重ねていた向山の東洋館で、私の答礼をしました。その時、前にお話した宮沢俊義先生の遺品、能面の写真五〇葉の中から、出席していただいた執筆者及び中林さんに一葉ずつ進呈しました。

フランス学士院、コレージュ・ド・フランス、日本学士院

傘寿にあたる二〇一四年を区切りとしたあと、継続的なかかわりで残ったものとして、外の関係では二〇〇四年以来のフランス学士院があり、加えて、二〇一四年コレージュ・ド・フランスでの講義「日本近代と個人」の記録を含めて構成した最後の外国語著書は、二〇二二年一月一日付の序文を巻頭に置いて出版することができました。

国内では、遡って二〇〇〇年以来の日本学士院とのかかわりがあります。日本学士院では、第一部（人文・社会系）の場合、会員であることの一番大きな義務として、月に一回開かれる研究会で一時間の持ち時間で報告をするということがあります。第一分科が文学・史学・哲学の領域、第二分科が法律学・政治学の分野、第三分科が経済学・商学で、持ち回りで報告者の割当が回ってきます。

その中で、自分でも力を入れたものは、『日本学士院紀要』に載せた上で、一つは『憲法という作為――「人」と「市民」の連関と緊張』(岩波書店、二〇〇九年)、もう一つは『抑止力としての憲法――再び立憲主義について』(同上、二〇一七年)の章として取り込む、という形で残しています。なお後者では特に、私の議論に対するローマ法学者・木庭顕さんと英米法学者・戒能通厚さんによる、好意を含むそれぞれの言及の中から私が読みとった批判点への応答を、こころみています。

日本学士院の会員と外国アカデミーの会員との間での交流はもとより濃密としても、学士院としての交流を定期化しているのは大韓民国学術院だけです。二〇〇六年に第一回が東京で始まり、第二回以降は毎年ソウルと東京と交代で開いてきていました。残念ながら二〇二〇年以降はコロナ異常時の下で繰り延べにせざるを得ませんでしたが、二三年に復活することができました。第一回の日韓学術フォーラム(二〇〇六年)の時は先方からの報告者、ソウル大学の金哲洙さんが違憲審査制の問題をテーマになさったので、それに見合う主題ということで、私が「違憲審査制六〇年の経験　日本の場合――政治的争点問題への対応を中心に」という報告をしています。

学士院レベルの国際交流の一つとして、二〇〇六年にドイツの公法学者クラウス・シュテルンさんを日本学士院客員として遇し、来日記念のシンポジウムが、二〇〇九年九月に開催されました。この時のシュテルンさんのテーマが「基本権の作用としての保護義務――法学上の発見」で、塩野宏さんが役割を私に回してくだすったので、相方をつとめました。この時の私の標題は「「近代」の公理の法学上の再発見とその問題性」です。シュテルンさんは、国家の基本権保護義務という呼び名で知られているような一群の問題を取り扱ったのです。憲法上の権利の問題が違憲審査制という形をとって争われることが一般化するのは、アメリカを除いて言えば第二次大戦後なのですけれども、実は初期近代に、いま風に言えば私人間の基本権こそが問題だったのだ、という主題です。シュテルン報告に即して違憲審査制を考える際に、私はあえて、現代の問題ではなくて、「近代」という言葉に重要なウエートを置いたわけでした。

これら二〇〇六年と一〇年の例は相方があっての話ですけれども、それ以外は普通の意味での報告です。直近では二〇二〇年の一月に回ってきた順番の時に、「清宮憲法と宮沢憲法――日本憲法学における私の二師」という報告をし、紀要にのせました。

学士院の運営にかかわって

会員はそれぞれ、かつ大なり小なり学士院の運営に携わる義務があります。もちろん事務職員はいて、少ない人数で大変苦労して遺漏なくやってくれているのですけれども、運営の責任は会員たち自身が負わなくてはいけない。私も第二分科の中での各種委員、理系の第二部を含めた運営委員会の一員として、これは短期で皆さん分担しあいますから、かかわっていく役割をしました。

加えて、いろいろ偶然が作用するのですけれども、年回り等々で役員という仕事を課される可能性があります。学士院で役員は四人です。まず院長と幹事。幹事は、フランス学士院の呼び方 Secrétaire général に対応する名前の副院長で、院長が文系の時には理系から、院長が理系の時には文系から出ます。この二役は全体の投票で選ばれます。多くの場合、幹事が次の院長に選出されて継続性を保つという運用です。あとの二人は第一部長と第二部長、文系と理系です。私は、二〇一四年一一月から二〇二〇年の一一月まで、二期六年間第一部長をつとめました。

その間、第一部会員の皆さん、とりわけ各分科の運営委員の方々に絶えず有形無形のあと押しをして頂きました。加えて、第二部所属の役員の方々と頻繁に接する機会を得たことに感謝しています。各種公式行事の他、選任された新会員がそれぞれの研究の面白さや苦心ばなしにも触れながら両陛下と御所で懇談するお茶の会に、同席する役割も多くありました。そこでの雰囲気は明仁天皇・美智子皇后がつくりあげた皇室のあり方の現れのひとつだったでしょう。

会員は非常勤の特別公務員なのですけれども、四人の役員は事実上常勤の心構えでないと会の運営に支障をきたすことを怖れなければならない立場に置かれ、国外滞在予定の調整など心掛けなければなりません。私は任期の間、部会、総会のみならず、役員としての任務を一度も休まずにつとめることができました。その任期から二〇二〇年一月に解放されたのですけれども、手続上所定の段階を経て後任が決まる五月まで、全くデ・ファクトに役割をつとめざるを得ませんでした。一月から五月まで長引いたのは、第一部長としての責任を果たしたあとの幹事選挙に先立ちあらかじめ辞退の意思を示す仕方について、私自身の対応が不器用だったからです。

日本学士院法第一条の文言を、ここで改めて書いておく必要がありましょう。第一条は「学術上功績顕著な科学者を優遇するための機関」が定義です。働かせるという機関じゃない。日本学術会議は働かなくてはいけなくて、しかも、会員はほとんど手弁当で働いておられるようですが。そして「優遇」されるその会員は、国際的に見てもアカデミーの原則通りで、院自身が選定することによって確定します。

事業は行います。目的は「優遇」するための機関ですが、同じ第一条の中に、上記の定義をした上で、「学術の発達に寄与するため必要な事業を行う」とあります。何よりも学士院賞、恩賜賞の選定というのが事業です。そのほかにも、最近は少しでも世の中の役に立とうと、市民向けの公開講座をしたり、高校生を本来の対象に想定した講座をこころみたりしています。

「いま」の私

そして最後に、「いま」ということになります。

このオーラル・ヒストリーの大部分の録音は二〇二〇年六月の第一回を最初に翌二一年三月の第六回まで、間隔を置きながらしたのですが、その間、まとまった仕事を二つ抱えていました。一つは、かつて創文社から出版していた『憲法』という概説書の新しい版です。創文社は日本の出版文化の中で大変重要な役割を果たしてきたのですけれども、残念ながら社を閉じることになりました。同社との完全な了解の下で、勁草書房がそのあとを引き受けてくれ、第四版(二〇二一年、第三刷二三年)として刊行することができました(第五版は印刷準備中)。一九七三年の最初の著書のひとつ『近代立憲主義と現代国家』が学士院賞を受けたとき(一九七五年)の出版社に出戻る、という感慨があります。

もう一つは、私にとって三冊目となる外国語の単独執筆書でした。二〇二二年一月一日の日付で序文を書き出版することができました。コロナ禍のため対面の議論が不可能になる直前に山元一さんを介して識り合い、濃密な討論を重ねる機会を得たジュリアン・ブードンが、巻末に収めた対談の相手になってくれ、出版の橋渡しの労をとってくれました。外国語の著書としては、いくつかの編著や共著は別として、東北大時代に深瀬忠一さんと分担執筆しパリ大学での講義を本にしたもの(本書前出六三頁)が読者に参看されつづけており、私にとっても特に重要なのですが、それを含めれば四冊目の主要著書ということになります。

なお文字通り最近になって、ひとつのことが加わりました。二〇二〇年一二月パリで予定されていたカピタン先生没後五〇年記念シンポジウムがコロナ禍のため開催できなかったことは、前述の通りです。幸いにもその後、法哲学者ミシェル・ヴィレーにちなんだ記念財団が刊行する *Jus Politicum* の最新号(第二六号、二〇二一年七月)に、オリヴィエ・ボーの企画でカピタン特集が組まれ、五〇年前の日本語旧稿(一九七二年日仏法学会で故人のデモクラシー論に焦点を当てた講演)の内容に強い関心を持ったボーの肝煎りで、私の若い友人で日本法研究者シモン・セルヴラン(上智大学)がフランス語訳の労をとってくれたものが、掲載されました。

こうやって振り返ってみますと、私は節目節目に古き良き時代——「良き」というのは、もちろん問題がなかったという意味ではありません。社会そのもののあり方としても、何より、自分が身を置く学界のあるべき姿からいっても、問題がなかったどころではありません。それにしても、素直な意味で、古き良き時代の節目節目の最後の走者として恩恵にあずかっていた。東北大学法学部の二つの世代にわたる充実期時代、東京大学法学部では幾世代にもわたるそういう時代がありました。そういう文化財的な無形の建造物を支えるために、非力ながら応分の力を尽くしたつもりでした。時代がいまに近づけば近づくほど「知」そのものが、歴史上これまでなかった困難な状況に当面しています。もとよりこれまでも、「知」を押し潰そうとする力と正面衝突して潰されるという歴史を繰り返してきたのですけれども、潰されるに値するだけの「知」への敬意というものがあった時代と比べると、「知」をめぐる状況が変わった。変わっていい、変わるべき部分も多々あるでしょうけれども、事実の問題として、ありようが変わった。「知」ないし「知的なもの」への上辺だけでもの敬意、「敬意」が強いる「位あれば義務多し noblesse oblige」という倫理感覚が消滅してしまった。

考えてみますと、私自身の父の時代に、彼はすでに時代錯誤的なやり方をして、ともかくもそれで他に大きく累を及ぼすこともなく、決定的な迷惑をかけることもなく、やり通すことができたのです。それなりの時代錯誤を受け入れてくれるだけの時代だったのでしょう。「世界史的な出来事は二度起こる。一度目は悲劇として、二度目は茶番劇として」という表現をなぞって言えば、父の場合それは悲劇ではなく、いい意味での喜劇だったとすれば、私の場合には喜劇などという上等なものではなくて茶番以下なのかもしれない。願うことは、知が、後事を託す人々の間で決して地を払っているわけではないということです。ラテン語の言い回しで、「言葉は飛び、刻まれしものは残る verba volant, scripta manent」というのがありますけれども、この「語り」が多少でも何かを「刻む」意味を持つものになれば、と願うだけです。

ということで、大項目Ⅰ、Ⅱ、Ⅲの表題を山登りに喩えたものですから、二〇一四年の傘寿以降のことも、ベースキャンプ撤収に向けて、ということにしておきましょう。

二〇二一年四月、赤坂自宅近隣のドイツ文化会館で、中島徹、愛敬浩二のお二人に付き添われた車椅子での川岸令和《のりかず》さんの訪問を受けた(自宅は主な生活の場を仙台に移すための家具移転の作業中だったため)。会館前の桜が散りしきる日のことだった。その川岸さんが翌年八月、医療手術後の療養中、思いもよらぬ事故のため早逝されるという出来事が、私を打ちのめした。

第二部 何を・なぜ・どう・問題にしてきたか

――いくつかの問題群

IV 個人・人権・公序

a 「個人の析出」という問題性

蟻川　樋口憲法学の変遷と一貫性という視角を冒頭から出していきたいと思います。この視角は、樋口憲法学の学問的特質を考える上で最大のテーマといえるものかもしれません。その題材として取り上げるべきは、「主権と人権」とでも呼ぶべき主題です。憲法のどの教科書・体系書を開いても、こうした名前の主題は出てきません。実際、私も、今はじめて言葉に出してみました。

ごく大雑把な時期区分をいえば、第一の転回点は、一九七〇年代初頭です。今日、杉原・樋口論争として知られているものがあります。日本国憲法の国民主権をフランスでいうプープル主権だとする杉原泰雄に対して、日本国憲法のそれはフランスでいえばナシオン主権と見るべきだという樋口が対峙する構図とされています。これはそんなに単純なものではないのですけれども、ポイントは、主権を権力の実体と見るか、それとも、正当性の所在と見るかの対立で、ボダン以来主権概念の中核にあった権力の実体という性格を主権から取り去るという主張をしたのが樋口学説でした。これを鮮明にしたのが、一九七〇年の日本公法学会での「「国民主権」と「直接民主主義」」と題された報告です。一九七一年の『公法研究』に掲載されたものです。樋口は報告の最後で、「国民主権の貫徹というかたちで主張されてきたところの実践的要求は、」「「真の国民主権」の観念によってではなく、権力に対抗する人権という観念」「によっておこなうべきではないか」と述べました。この言明は、七〇年代以降の「主権」論争に大きなインパクトを与えたのですが、そもそも主権論と人権論は別個の研究ジャンルに属するものと考えられていたので、主権と人権の間を橋渡ししたということが革新的だったと、今日の視点からは捉えるべきであるように思います。

樋口によるこの議論は、同時代的には、主権を正面から権力の実体として捉える立場と、権力の実体の所在であるとともに正当性の所在であると捉える立場とに挟撃されていたといえますが、主権をもっぱら正当性の根拠に一元化した樋口説が、「国民主権の貫徹」という形で当時熱っぽく主張されていた実践的要求を引き取るべき受け皿として、ほかならぬ「人権」を選んだことは、現在から見ても、筋目の通った選択であったと思います。とにもかくにも、こうして、ほかの憲法学者たちが皆「主権」論をたたかわせているその同じ土俵で、樋口学説だけが「主権と人権」と呼ぶほかないような地平を切り開いていたことに、私は注目します。

そして、「「真の国民主権」の観念」ではなく、というその選択は、小田中聰樹の「民主的裁判官像」に対する樋口の「伝統的裁判官像」の対置とも呼吸を合わせているように感じられます。樋口憲法学を構成するさまざまなジャンルの言説を横断する固有の思考の型のようなものが、もうこの辺りからはっきりと現われていたといえるのではないでしょうか。

しかし、こうして自ら切り開いた地平を切り崩して、主権と人権との間に新たな結合を提起したのも、また樋口学説でした。それが、当時の革命史研究の成果に学びながら、主権と人権は、フランス革命を典型とする中間団体の解体を契機として、いわば歴史的に同時成立したのだ、という論理を力わざでつかみ出した、一九八〇年代以降の再転回です。

その核心にあるのは、一方で、人々が、その保護膜でもあったけれども桎梏でもあった中間団体の軛から解放されることで、「個人」として析出され、他方では、さまざまな団体・身分の間で分有されていた諸権力が一点に集中して、絶対王政でも持ち得なかったような絶対性を国家が持つに至るという、歴史を駆動する論理の同時進行です。この論理の急所は、以上のプロセスを通じて、人権の主体としての個人が誕生すると同時に、国家が集権化して主権と称しうるまでの権力を掌中におさめるという点です。一九七〇年代初頭に「真の主権」ではなく「人権」と唱えた樋口のなかに、主権と個人との同時成立が胚胎したのです。

問題平面のこの再顚倒は、樋口「主権と人権」論にとって、ということは、必然に樋口憲法学総体にとって、決定的に重要な転回点だったと考えられます。

「主権と人権」論をめぐる樋口学説が辿った、以上のように整理できる学問的遍歴は、身も蓋もない言い方になってしまいますけれども、非常に面白いですね。まず「主権」論の土俵のなかでの、「主権」ではなく「人権」という主張、そして、それをもさらに自ら批判的に乗り越えて、「主権」と「人権」の同時成立の論理を立て、普通には「人権」論とのみ結びつくと考えられがちの「個人」の概念を、「主権と人権」論の枠組みの中心に埋め戻すのですから。

樋口　主権よりも人権ということを、主権論を主題とする一九七〇年公法学会報告で言ったとき、私としては満足な問題の出し方でなかった、という自己批判から始まるのです。木庭顕・蟻川・私の『法律時報』鼎談「憲法の土壌を培養する」について、毛利透コメントが最近、一行半ぐらいで私の仕事から切り出して要約してくれた「主権と人権の密接な連関と緊張」の論理を、七〇年代はじめには明確に定式化できていなかった、ということです。

蟻川　これは本当に面白いですね。あとから見ると確かにそういう説明になるわけですけれども、「主権」でなく「人権」という、今日から見ても鋭い問題提起をしたその時点で、「人権」という概念のなかに曖昧に存在していた「個人」を取り出せていなかったと自己批判するということは、普通に考えたらできないことです。しかし、「満足な問題の出し方でなかった」という形での自己批判は、当時既に萌芽があったからこそ言えるわけですよね。

樋口　そうそう。七九年に出稿したＮＨＫ大学講座二六回（一九八〇年四―九月）『近代憲法の思想』という習作が、意味を持ってくるのです。あとで放送大学に出講しますが、ＮＨＫの方はそれと違って大学「講座」とは言っても講義でないから、アイデアをそのままぶつけたのです。

蟻川　一九三六年のカピタン論文というのが、そのＮＨＫ大学講座でも重要視されているわけですが、それがなぜ七九年の段階で自らのなかで吹き上がってきたのかというのが、知りたいところです。

樋口　日本に帰って来てからの、仙台での勉強のなかでのことです。

蟻川　でも七〇年ごろは、三六年論文のカピタンの個人主義というものを正面には出してこられなかった。それがどういう経緯で出てきたのでしょうか。

樋口　そうそう。七二年の日仏法学会での講演では、もっぱら統治機構論の分野でのカピタン先生の個性的な戦前の業績と、ドゴールを支えた戦中・戦後の政治実践に焦点を当てていました。それでもオリヴィエ・ボーが五〇年たってなお、フランス語訳を公表するよう段取りをしてくれた（前出）のですが。いわば、無我夢中で過ごした二〇歳台半ばの留学体験を、客観化しながら消化してゆくなかでのことでした。恩師の没後、改めて、「個」を貫くことに他ならなかったその生き方そのもの（前出）こそが学問の根底にあったことを、自分自身の課題として意識するようになったのです。一九七〇年前後、大学に籍を置く者のあり方が問われた渦中での私の言動のなかに、そのことが何ほどか反映していたかもしれません。論文として書くものの上に「個人」が出てくるのは、七九年以後になるにしても、ですが。

＊＊

樋口　それでは個人の析出という問題から入りましょう。

憲法一三条の大前提として、初めからあったのではない、近代個人の析出、という問題を改めて取り上げるということです。

七〇年公法学会報告――その自己点検

樋口　一九七〇年に日本公法学会での三本の主報告の一つを託されたときに遡っての自己点検から始めましょう。主権論を主題として、杉原泰雄、影山日出弥、樋口、司会席には長谷川正安、という構成でした。この時点で杉原と私の間には議論の共通の出発点と、主張の展開の仕方の違いが、すでに両方出ていました。まず、一口に「国民主権」と言っても、主権論の母国と言っていいフランスに即して言えば、nation と peuple という二つの「国民」概念がある、という共通認識です。加えて「主権」という言葉についても、議論の出発点としては共通認識がありました。それは私たち当事者二人の間だけではなくて、一般にです。「主権」とは国内での最高意思の決定権の所在を語ることであり、ラストワードを語る主体が誰かを問うことだ、という意味での共通点です。

その問いに対し尾高朝雄のノモス主権論は、どんな決定主体であっても服さなければならない、越えてはならない矩――「矩」という言葉は尾高自身が非常にこだわって使った言葉です――がある、と答えるものでした。言葉だけをとれば、それは、主権者なら何を決めてもよいのかという、今日のわれわれにも課されている問いを出しているのです。けれども、当時の議論の文脈で、ノモス主権論は、国民が決めるということ自体を問われているところで、誰にしても従わなくてはいけない「矩」があるのだと答えることによって、問いそのものを素直には承認しない、という意味を担っていたのです。それに対して、国民がラストワードを持つという原則を確認する。その上で宮沢テーゼは、それを「根本建前」という言葉、つまり権力の正統性の源を問うことだという形で表現しました。

それに対して次の論点として、いやそうではなくて具体的な法制度上の決定権の帰属を基準としてこそ主権の所在を考えるべきだ、という立場があります。具体例を憲法思想のなかで挙げれば、一九世紀末までのイギリスの状況を総括した、あまりにも有名なダイシーの憲法論をとってみましょう。根本建前の問題、正統性を問う問題としての主権を、ダイシーは political sovereignty という言葉で呼びました。その担い手は electors（選挙民）としての国民です。他方で決定権の制度上の帰属を言う次元の legal sovereignty は、国会主権です。ただし、ダイシーの場合には、第二原則として rule of law が出てきます。rule of law は言ってみれば古来からの「矩」の支配とも言えますが、裁判所という担い手を伴っているという点が、ノモス主権論と決定的に違うところです。

蟻川　七〇年公法学会での樋口報告と杉原報告は、ともに、国内での最高意思決定権の所在を語るという点で、議論の出発点での問題意識は共有されていたわけですが、先ほども言いましたように、樋口報告は、その最後で、「国民主権の貫徹という形での要求は、真の国民主権の観念によってではなく」と述べました。「真の国民主権」という表現が逆説的に効果的だったのではないかと当時の状況を想像します。また、樋口報告を受けた後では、「真の国民主権」と人権は調和的に捉えることができるはずだといったような当時の雰囲気も伝わってきます。そうした磁場に一石を投じようとされたということもあるのでしょうか。

樋口　世間一般で「国民主権の貫徹」という言い方は極めて常識的で、極めて影響力もあり、六〇年安保条約改定をめぐる国民運動をはさんで「真の国民主権を！」という言葉が盛んに言われていました。そういった中であえて「真の国民主権の観念によってではなく」と述べたこと自体は、いまも撤回しません。しかし、説明抜きで「ではなく」といわば逆接続したことが、いま時点での私の考えから言えば問題だったのです。「ではなく」ということを言えるためには、主権の貫徹によって人権の論理的前提である個人が生み出されたからだということを、明示的に言わなければいけなかったはずだったのです。

当時の状況は、主権、人権、平和という三点セットの自明性を言うことが、日本国憲法の定番的な説明になっていました。それを論理的に整理する必要は、当時も現在も、あると思っています。国民はおのずと人権を尊重するはずだ、だから三点セットは当然の結びつきを言っていることだ、という言い方に対する批評をすることに、今日でも意味がないわけではありません。しかしそれにしても、説明抜きに「主権でなく人権」という表現になってしまったのは、私自身が、人権主体として個人と集団を等しく包括していたからです。そういう意味で、戦後民主主義を素直に受け取りすぎていたのです。

蟻川　とはいえ、そう簡単には戦後民主主義と一体化できないものを樋口憲法学は既に持っていたからこそ、当時支配的だった「民主主義」ではなく「立憲主義」を、自らの憲法思想の鍵概念として選びとったわけです。「戦後民主主義を素直に受け取りすぎていた」というのは、やはり厳しい自己点検だと思います。

「絶対」王制の非絶対性

樋口　個人が人権主体として成立するためには、単一不可分の主権の論理を貫いて、中間諸集団、身分制諸集団を排除する必要があった、という問題を明示していなかったのです。フランス革命の経過の中で、一七九一年のいわゆるル・シャプリエ法が決定的なシンボルであり、そのこと自体についてはあとで(Ⅳb)立ち入ることにします。中間集団の解体、これが主権の一回的な役割の象徴であり、だからこそその主権は役目が済んだら凍結され、原理的には成立し終わったはずの近代憲法という場を攪乱させないことが必要になる。そういう意味で「凍結」という言葉を使ったのです。その凍結したものをもう一回生き返らせようというのが、典型的には二〇世紀のカール・シュミットですけれども。

「主権でなく人権」で行こう、と言えるのは、主権の発動によって人権主体としての個人が生み出されたからこそだったのだ。その連関を語ること抜きに、主権ではなく人権という言い方をしたのは、五十余年前の私の整理が、十分に熟していなかったからです。

フランスで区別される nation の主権にせよ peuple の主権にせよ、国王主権に対抗し、それを克服したことは、国王主権が実際上できなかっただけではなくて、実は論理上も達成できないはずだったこと、そのことを達成する意味を持ちました。絶対王制は身分制の上に乗っかりながら、しかし身分制による制約を振り払わない限り実は「絶対」にはなり得ない、という矛盾を抱えていたからです。この点は、一九六〇年代初期にフランスで共通の留学経験をして親しくなった歴史家の二宮宏之が極めて明快に、かつ先駆的に展開してくれることになります。そこから学んだことが大きかった。

もともと君主主権は、封建的分権、権力併存秩序に対する抗議概念として自己主張していたのですけれども、それをその通り貫くと自分自身の足場がなくなるという矛盾に置かれていたのです。関連して、明治維新は幕藩体制を最初期フランス革命よりもはるかに徹底的に解体した、と見るのが素直な見方だと思うのです。貴族制度も人為的であって、明治維新は一君万民体制を絵に描くように完成した。明治貴族制はつくられた貴族制ですから、新王権に対する抵抗力が弱かったのは必然だったでしょう。

フランスの典型性は、nation 主権と呼ばれるにせよ peuple 主権と呼ばれるにせよ、君主主権自体が果たそうとしてできなかった課題を解決し、一方で人権主体となる個人、他方で権力を集中した国家という二極構造を描き出した、というのが私の理解です。主権という魔力「からの」解放、という表現は高見勝利によるのですが、ここでの文脈で nation 主権、peuple 主権は、身分制中間集団からの解放「の」魔力としての意味を持った。しかし、その発動を一回的なものとして凍結し、宮沢の言う根本建前として封じ込めることによって、「解放の魔力」から解放された近代立憲主義の場が成り立つ、ということになる――これが私の今の整理の仕方です。

身分制中間集団からの解放＝「人」権主体としての個人

樋口　さて、私の議論は一九七〇年代を進むにつれ、身分制中間集団からの解放としての個人の析出、という論点に明確に近づいてゆくようになります。東大社研の研究企画に参加して書いた七九年論文は、副題とはいえ「個人」をタイトルに初めて入れた私の書き物です。八〇年の東大移籍前後の段階で村上淳一からの批判を得ました。その家長個人主義論からすれば、私の個人主義はバラバラの個体を作り出す。ナチズムはだからこそまさにそのような状態をつくり出そうとして、Gleichschaltung（強制的同一化）を強行して家長個人主義を解体しようとしたのだ、という指摘でした。その批判は、まさしく近代それ自体の危うさを、問題にするものでした。個人・個人主義とでもいうべき私からの答えは、その時使った言葉ではありませんが、genau, trotzdem aber「まさにその通り。しかし、にもかかわらず」というものだったでしょう。

仙台から東京に移って初めて出した八九年の単行本の論文集に、補論の形で村上コメントに対する回答を述べました。それは九〇年の「人権総論への一つの試み」、そして二〇〇四年の『国法学』、副題に「人権原論」とつけましたが、それへとつながっていきます。近代の危うさという論点を自覚的に掘っていくことの契機を、村上による批判から得たことに感謝していきます。

「個人の尊重」と「人間の尊厳」

樋口　ところで、カール・シュミットの *Verfassungslehre*（尾吹善人訳『憲法理論』）には、フランス革命へのいわば羨望、と言っていい構えがあります。それは彼自身が近代主義者であったことを意味するし、三〇年代初期までのルネ・カピタンとの学問上の関心の共有も、そのことのあらわれの一つだったでしょう。個人・個人主義の危うさがあればこそ、個人という決定主体を内側から抑制する実質価値が問われます。ナチズム体験を経たドイツ連邦共和国基本法の第一条が「人間の尊厳」を掲げているのは、その問いへの答えの意味を持ちます。

そのことに関連して、廣中俊雄との議論のやりとりがあります。私の考えはこうでした。――「個人」は近代の刻印を担っているのに対して、「人間」は時間的にも空間的にも、ということは歴史的にも文化的にも――多様であり、共同体のために身を投げ出すことこそ「ヒューマン」な行為とする社会もあります。特別攻撃隊＝特攻の痛ましさは、直接経験したことのない私どもの世代にも痛切です。より日常の場に即して言えば、集団の和を保つことこそがヒューマン＝「人間」的な生き方だということにならないか。人間ではなく個人の尊重、尊厳を言うべきではないのか。

廣中『民法綱要　第一巻』(一九八九年)合評の研究会から別の席に歩きながら、そういうことを話しかけたのです。本のキーワード「人間の尊厳」について、私が多くのものを学びとってきた廣中法学からすれば「個人」の尊厳のほうが当然でしょう、というつもりで口から出た、歩きながらの感想だったのです。私は実際に廣中の最初期の講義を聴いた学生ですが、その数分間のやりとりを心にとめてくださった恩師から、その一五年後(!)に、自身の主宰する研究会で「あの続き」を議論してほしいとして、参加し報告するよう促されたのでした。二〇〇四年でした。

そのような議論の経過を経て、廣中フォーミュラは、「個人の尊重に反するような機能を営む「人間の尊厳」ルールの存立可能性はない」という形で整序され、あわせて、「人間の尊厳」ルールが解釈論上ひきうけるべき役割が示唆される中で、「人間の尊厳と死刑および戦争」について問題が提起されることになります。私の報告と廣中応答は、あわせて廣中責任編集『民法研究』四号にのっています(簡潔には、私の『国法学――人権原論』補訂版四四頁)。

ここからあとは、以上の経過を踏まえた上での私自身の整理として、次のように考えれば私の思考の中で廣中法学を受け止め展開してゆくことができるのではないか、という自問自答です。

「公共」の再定位

樋口　憲法一三条の公共の福祉条項の意味を、以下のように再定式化できないだろうか。直接には、二二条一項、二九条二項を通して、かつて福祉国家と呼んだシステムを今日の状況にどう適合的に再構成するか。それに加え、公共の福祉の内容として「人間の尊厳」を位置づけ、死刑廃止、戦争禁止の意味をもそこに読み込む、ということです。

戦後憲法学が公共の福祉の出番——最初期には、この定式は希望の手がかりでもあったはずです——を多くすることに消極的になったことには、理由がありました。判例までが「公共の福祉」というシンボルを逆向きに多用・濫用し、基本権条項の存在意義を空洞化していった時期が長く続いたからです。

ところが、ネオリベラル思考を一つの骨格とし、今日でも正式には撤回されていない自由民主党二〇一二年改憲案で、公共の福祉が完全撤退し、「公共の利益」に変えられています。その結果、本来そうあるべきであったはずの公共の福祉が座るべき場ができているのではないか。古座蒲団を譲られるというのではなくて、人間の尊厳という公序としての「公共」が座るべき場にする、という議論があっていいのではないのか。その際、個人の尊重を犠牲にした人間の尊厳は考えられないという廣中法学の結着点は、自衛に限らない「正戦」に人間の尊厳の名においてふたたび道を開くこと(かつての特攻の正当化)をさせない論理とすることが、できるのではないか。

b　個人＝「人」権と社会＝公序

樋口　これも、条文としては憲法一三条に対応するものです。一九七〇年学会(前出一六六頁)で主権論を土俵とした議論に参加していながら、明示の説明抜きで「主権ではなく人権」と結んでいたことは、自分自身の内側に形成されつつあった論理を自分でも十分には消化していなかったからでした。七〇年代を経過する中で、人権を人一般としての個人を主体とするものというふうに特定してとらえるようになってゆきます。そのことについては、二つの要素が私にとっては決定的でした。

近代＝個人主義法思考の四原型

樋口　一つは、留学時(一九六〇―六二年)の恩師ルネ・カピタンの戦前の論文と、一九五〇年代のパリ大学大学院講義録のコピーを改めて読み込んだことです。

そこでは、近代憲法思想の四つの原型に共通して根底にある個人、というものが特定されていました。個人の何か。私流の言い換えを含めれば、ホッブズにおける安全、ロックにとっての自由、ルソーの自己統治＝民主、バブーフについては公正、です。一九三〇年代当時は絶対主義者ホッブズというイメージがもっぱら先行していましたから、そういうホッブズとナチスの法思想を結びつける見方すらあった。『リヴァイアサン(*Leviathan*)』のおどろおどろしいグラビア版のイメージですね。それに対して、ホッブズとナチスの法思想が正反対の個人観を持つことを、一九三〇年代のカピタン論文が力説していたのです。

カピタンはベルリンで研究滞在中にカール・シュミットに会っており、特に三六年のカピタン論文をシュミットが三七年の論文で「フランスのすぐれた公法学者」として引用しています。すでにナチス主流から外れて微妙な位置にいたシュミットが、改めて自分自身が近代主義者であること、諸個人が取り結ぶ契約によって説明される国家を考えているのだ、純正ナチス流のBlut und Boden(血と大地)による結びつきを説く主張とは違うのだということを、カピタン論文を引用することによって言おうとしたのではないか。近代主義者としての自画像を弁明するシュミットの戦後の論文(一九六五年)があって、しかし、ここではもうカピタンには言及していません。ナチスに加担して戦争犯罪人とされた自分と、レジスタンス運動の指導者の一人で戦中から戦争直後にドゴール政権の有力閣僚となったカピタンとは、もはや世界を共通にしなくなった、ということでしょう。戦争終結直後のころ、まだシュミットは獄中だったかどうか、フランスの知人への通信の中で、三六年以降にカピタンの書いたものがあったら送ってくれと書いていますから、なみなみならぬ関心の対象ではあったことがわかります。

戦後西ドイツの有力学説の説き手の一人、ベッケンフェルデが、シュミットが六五年に書いた論文に影響されたと自ら語っています。それほどまでにシュミット学説の復権が見られた時期があったのです。日本のドイツ公法研究者たちが七〇年代まで、シュミット・シューレとスメント・シューレを対比させる枠組で論説を書いていた時期があって、私も大いに蒙を啓かれました。七〇年代までは確かに、ドイツの学界でシュミットはかなりの存在感を持ち続けていたようです。論壇ではそれ以上に、そしてむしろ一九七〇—八〇年代にかけ、フランス、イタリアを中心に六八年新左翼世代によってシュミットが一種のブームになり、多くの翻訳が出るようになります。

話がずれてきましたけれども、カピタンの戦前の仕事から得た示唆、ということがここでの本筋の話です。

「営業の自由論争」から得たもの

樋口　私の立論にとって「個人」が肝要の主題となったもう一つの要素は、七〇年代初めの日本で展開された営業の自由論争の、いわば近くにいたことです。経済史学者の岡田与好によって、法律学が営業の自由をもっぱら国家からの経済的自由として位置づけ、公共の福祉による制約に服すると説明することに終始していることを相手どって、論争が提起されます。論争の発端は、東大社研の共同研究『基本的人権の研究』第五巻の岡田論文(一九六九年)でした。

その眼目は、私なりに受け止めれば、社会からの公序としての自由と、国家からの人権としての自由を明確に区別すべきだ、という主張でした。経済史の観点からすればヨーロッパ市民革命の課題は何よりも同業組合、より一般に身分制の網の目から自由な個人を析出することだった、という論点です。その観点からすると、『資本論』第一巻二四章の有名な記述の中に出てくる、先ほど名前だけ挙げたル・シャプリエ法は、働く者の団結を禁止する稀代の悪法としてよく引かれていたのですが、そういう認識から解放されて、善悪を超え近代の担い手としての個人の析出を可能にするために必要不可欠な経過点であった、ということが浮き彫りにされるでしょう。

岡田があぶり出そうとしたのは、独占する自由と反独占の自由の対比です。それを一般化すれば、したいことをする自由と、自由の空間を確保するための公序の対比、ということになるでしょう。信仰する自由と、その自由を確保するために場合によっては信仰の自由を制約する政教分離の対抗関係、自分の考えを次世代に伝えようとする親の教育の自由と次の世代の公共を担う準備としての教育の公共性の衝突、家族という結合体の自由と、場合によってはそれを制約する個人の尊厳という公序の間の緊張、加えて、議員がやりたい活動をする個人活動の自由と、全国民の代表としての制約ということも言えるかもしれません。

歴史的な文脈を無視した議論をする場合には、大学自治は中世パリ大学とボローニャ大学に始まるというふうな説明がされますが、ローマ直結であるがゆえに中世パリ大学はパリ王権からの自由を持ち得たけれども、その内部では異端排除の不寛容が支配する。それに対するアンチテーゼとして、フランソワ一世が、道路を一つ隔てたソルボンヌに対抗してコレージュ・ド・フランスをつくる。これは教会からの自由を標榜した。ドイツ諸国の啓蒙専制君主の下で検閲免除特権を与えられることになるアカデーミッシェ・フライハイトの論理は、それとパラレルに理解できましょう。

その点は、ウルトラ現代のいまはどうなのだろうか。一方で、ファウスト的な、飽くなき知の欲求に身を捧げ、悪魔と手を結んででも知りたい、これをつくりたいという意味での学問する自由の主張がありうるでしょう。他方で学問共同体の自律としての大学の自治、より広く知の共同体の自律が対置されるでしょう。重要な論点として敢えて出しておきます。

七九年の東大社研共同研究の論文で「現代法思想における個人主義の役割」を副題にしたものを書いたのです。本題は「第三共和制フランスの公法学から見たナチズム法思想の論理構造」です。「おける」というのは、私の気持ちとしては近代ならざる現代法思想においてなお、という意味なのですけれども、論文のタイトルに「個人」を出したのはこれが最初でした。実は、これを書くについては、先ほど触れたNHK大学講座『近代憲法の思想』があり、この習作で、個人をキーワードとする思考方向がようやくはっきりした形をとってくるという段取りになります。

こうして私の基本的な視点が、個人プラス集団 vs. 国家という図式から、第一に個人 vs. 社会、第二に個人 vs. 国家、第三に社会と国家の二様の関係——社会と国家が対置される関係と、社会と国家が一体化するのと、二通りの向き合い方がある——を含んだ図式、への移行が見られることになります。

＊＊

蟻川　シュミットが三七年にはカピタンを引用したのに、そしてその後もカピタンのものが読みたいと戦後も言っていたのに、六五年にはもう引用することはなかったというのは、何か切ない気がするのですけど。

樋口　抵抗政権の有力政治家としての役割を知ったのじゃないですか。

蟻川　先ほど来、お話しいただいたような形で、全体の理論枠組みのなかに位置づけ直したという点は、非常に貴重な自己相対化ですよね。樋口憲法学は、ごく初期から、八〇年以降に明確な形をとるようになる思考の枠組みにつながるものを持っていて、例えば、フランス革命に対するシュミットの羨望と言われましたが、フランス革命の典型性ということを、シュミットが見抜いていたことを、ある時期から非常に強調されるわけですけれども、でも初期から、『近代立憲主義と現代国家』に収められた論考の時点から、フランス革命の典型性を別の意味においてではありますけれども、強調されていて、やっぱりそういう連続はあったのでしょうか。

樋口　別の意味の典型性というのは？

蟻川　憲法制定権力という観点からフランス革命を、西欧立憲主義の歴史の段階設定のなかに、市民革命期として、近代立憲主義確立期から区別した形で、範型として描き出しました。そこでは、その後の樋口理論が焦点を当てた中間団体の解体という事象は直接問題とせずに、憲法制定権力それ自体を問題にしていたわけですけれども、七〇年代のかなり早い時期から、八〇年代以降に鮮明になる樋口理論のいろいろな要素を構成するもののもとになるものは出ていたということなのではないでしょうか。

樋口　一方で中間集団の解体＝社会経済史、他方で憲法制定権力の成立＝法思想史との対応関係でしょう。仙台時代が栄養源として決定的に重要だったことは間違いないですね。

清水幾太郎が変貌したあとの段階でダイヤモンド社から、当時の日本の論壇や出版界では敬遠されていたような論者の作品を集めて翻訳シリーズを出し、そのうちの一冊がシュミットだったのです。親しくゆき来している中で長尾龍一に誘われて、『現代議会主義の精神史的状況』を訳し、それに手を入れ直してあとで岩波文庫にしてもらったけれども、その時点ではまだ、岩波の雰囲気もシュミットには近寄りたくなかった気配があった。

――ダイヤモンドのシリーズは、ほかの思想家も入っていたのですか。

樋口　いろいろです。シュミットが好んで引くドノゾ・コルテスもあったかな。

＊＊

樋口　憲法一三条関連の総論的な問題として、法人の人権、そして私人間の人権という二つの主題を取り上げましょう。

法人の「人権」という表現

樋口　第一に「法人の人権」という表現そのものを問題にしたい。

私は八〇年代の早い時期にフランスとアメリカを対照させた理念型として、一方で、ルソー＝ジャコバン型の反結社個人主義――象徴として言えばル・シャプリエ法、裏側から言えば一七八九年宣言での結社の自由の不在――と、トクヴィル＝アメリカ型の親結社個人主義――合衆国憲法修正一条の解釈としての結社する自由――を対置しました。二〇世紀後半以来、世界的規模として表に出てくる利益集団多元主義に対して、前者は抑制的、後者は親和的な関係に立ちます。

憲法一三条で個人の尊重という基本原則を明示しつつ、二一条に結社の自由を掲げる。これが日本国憲法の条文構成です。そういう構成の下で、結社する諸個人の自由は論理上、結社しない自由を含むはずでしょう。しかし戦後日本では、結社する諸個人の自由よりも、結社そのものの自由に好意的な憲法理解が、支配的になります。それは、敗戦直後のいわゆる主体性論争を時代錯誤と批判して団結する権利の優越を説いた、戦後民主主義論の空気の反映とも言えたでしょう。そしてそれは、その後の労働運動についても、したがって二八条解釈にも跳ね返ってくることになります。

「人権」の私人間効力論と「公序」

樋口　第二は、いわゆる私人間効力の問題です。営業の自由論争の起点となった東大社研の共同研究、『基本的人権の研究』での岡田問題提起は、法学者と経済学者の両方で構成された研究会で当の主題を取り上げたのが芦部論文だけだったことに、批判的に論及しています。学界全体としてもそうだったと言えるでしょう。先駆的には、稲田陽一論文が私人間の人権の問題を書いていた(『憲法と私法の接点』(成文堂、一九七〇年)に収録)けれども、多くの人が取り上げるようなテーマでは確かになかった。

岡田からすれば、彼が問題とする営業の自由は人権としてではなくて人権秩序を構成する前提としての公序、その編成原理としてとらえられなければならない、ということでした。実は、この論点に裏から触れていたのはシュミットではないかというふうに私は考えています。Institutionelle Garantieというドイツ語表現は、人権秩序にとっては本来異物であるはずの制度そのものの保障を意味します。石川健治流に言えば制度体保障です。典型的には教会の公法上の地位がそうでしょう。それを排除しようとする公序が政教分離ということになるはずです。ところが日本では、Institutionelle Garantie を「制度的保障」という訳語で受け止めたことが示すように、目的は人権で、目的に使えるための手段という、目的適合的、あるいは従属的な取り扱いが一般化されてしまった。信教の自由という目的に使えるための政教分離というとらえ方で終わってしまうと、自由＝国家からの自由という思考枠組に吸収されてしまっていて、信教の自由 vs. 政教分離という逆関連の問題それ自体が取り上げられないことになる。

社会的権力と人権

樋口　岡田の問題提起に戻りますが、法学の世界に向けられたせっかくのその問題提起は、自由とはそもそも対国家関係の話だという大前提を盾に取った反発に跳ね返された感がありました。しかし一九八三年に出た岩波講座『基本法学』の第六巻(芦部編)は、「社会的権力と人権」という項目を立てるまでになります。実はその執筆を託されたのが私なのですけれども、八二年に書いたのでしょう、論文内容の熟させ方が不満で、まだ私の単行本には未収録です。読み返して、残しておくほうがいいかどうか考えなくてはいけないと思っています。

同じ意味でのことではなくて、単行本収録を迷ってきたのは、高見、森、辻村、長谷部と私の共編著『国家と自由・再論』(日本評論社)に載せた論文「学説の「一貫」と「転換」」の取り扱いです。二〇一二年公刊のこの作品は、研究論文の書き手として最後に遺すべきものでしょうから。本書の「補章」に託したのは、そのような著者の思いです。

a fortiori＝「ましてや」の論理

樋口　ところで、岡田が言おうとしたことを、そのフォーミュレーションとは正反対の組み立てで語ったという意味を持つのが、ローマ法学者・木庭顕の『政治の成立』ではなかったか。社会的権力からの自由の問題は木庭の言う意味での政治の成立、すなわち私的権力の解体によって、論理上解決済みのはずだということになるからです。

一九七五年にパリの比較立法協会で年度講演の役を託された私に、コメントと質問の口火を切ってくれた行政法学者のジャン・リヴェロが、自分が基本権の私人間効力という表現を使った時に、その表現が聞く者たちを驚かせた、というエピソードを語りました。彼によると、「私人間効力」という表現で言おうとすることと同じことをフランスの学界は自明の前提としてきたからだ、と言うのです。なるほど、近代公法思想の原点と言えるホッブズにとって出発点は万人の万人に対する闘争ですから、その中で個人の安全を第一義として確保する、それが公権力の役割であり、そのことが公権力の存在を論理化する、ということになります。

そういう構図を前提として、今度はロックとともに言えば生命、自由、所有、この三つを総括したプロパティ、まさにこれらは各人にプロパーだからプロパティだということになる。いずれにしても、それはもともと万人、すなわち他者に対する関係でのものであり、公権力の存在そのものが、公権力によってプロパティを保障するという期待によって説明されていたのだ、ということになるでしょう。ロックの場合で言えば、そういう期待が裏切られることのないように、公権力からの自由という問題、そして権力分立の問題が出てくるし、究極的には抵抗権のロジックが用意されていた、という構図になる。問題を広げると、そういうことになるのだろうと思います。

憲法の権利条項によって、のちに立法権に対する関係でも権利保障がなされるようになったその時点に身をおいて考えて見れば、それこそ「ましてや a fortiori」、法律次元に別段の規定がない場合も含めて私人間での保障が及ぶのが当然だ、ということになるのでしょう。

信教の自由 and/against 政教分離

樋口　以上のようなおおよその概観を前提にして、いくつかの個別の事項について点検をしておきたいのですが、教科書的な含意を離れながらも各論的なことを挙げていきますと、さきほどから何度も触れてきた信教の自由と政教分離、これは and/against の関係（und/gegen と表現すれば、もっとはっきりするでしょうか）だということです。日本での議論の立て方では、普通、信教の自由が目的で政教分離がそのための手段という理解が一般的です。それならば当然、そのほかの手段もあり得るということになるでしょう。実際、国教制度をとりながら宗教上の寛容を認める、というふうにです。

なるほど、自衛官合祀訴訟の原告にとって、信教の自由は目的、政教分離は手段、という順接続関係だったでしょう。しかし、最高裁がわざわざ言及している訴外の、神社にとってはそうでなかった。神社は、自分の祀る自由を主張して政教分離の効果を遮蔽しようとするからです。キリスト教社会での政教分離は、一九世紀末から二〇世紀前半にかけて社会を二分する闘争主題となったフランスが典型的でした。教会権力（ローマ）と世俗権力（王権）の間の、相互依存しながらも緊張関係にある歴史を背景として、選挙という正統性を背後に持つ世俗権力が、ライシテ（laïcité）、公権力の世俗性原理を強制する。世俗権力がライシテを強制し、そのことを通して宗教からの個人の解放を目標として掲げるからです。

教育の公共性と教育の自由――四つの立場

樋口　密接に関連するのは、教育の自由 vs 教育の公共性という、日本で言えば憲法二六条をはじめとする幾つかの条文がかかわってきますが、その問題です。ライシテが問題になったフランスの場合、政教分離という政治主題は第三共和制の時代、一八七〇年代から第二次世界大戦までの政治体制の時代に、教育の場面で尖鋭的に争われました。教会の手から教育を世俗権力が奪い取るという、非常にラディカルな形が展開したからです。

日本の教育関係訴訟は、どんな対抗図式で読みとることができるでしょうか。

一連の家永訴訟をめぐって、国民の教育権（＝立場①）と国家の教育権（＝立場②）という対抗関係が語られ、俗にそう言われていた表現ですけれども、前者を「日教組」、後者を「文教族議員」がそれぞれ担うという形がありました。なるほど両者はそれぞれ対照的、対抗的な内容を、あるべき教育として主張しました。しかし実は、枠組の論理的な共通性、教育の公共性という一点を共有していたはずです。旭川学テ事件の最高裁判決が、「自由かつ独立の人格」の形成を妨げるような国家介入は憲法二六条、一三条違反になると述べています。これは日本国憲法を前提とした上で、ほかならぬ教育の公共性の理念を語っていたことを意味します。そして、国民の教育権論と国家の教育権論は正面衝突しましたけれども、ともに教育の公共性の理念を前提にしていたはずです。

これに対して、国民の教育権の側に立ち、あるいはより積極的に応援しながらも、教育の自由、教師の人権を語る人びとがいました（＝立場③）。これは、立場①と共闘するのですけれども、論理としては、立場①と立場③は見かけの上での友、いわゆる faux amis だったはずです。教育の自由を主張する立場③の論理上の友としては、教育の公共性よりも教育の私事化を支持する人びと（立場④）が連帯すべき相手のはずです。

いま見てきた議論の中に「公」と「私」をどう読み取るべきか。「私」の実質は、かつて政教分離闘争のころのフランスについて言えば、カトリック教会と結びついた多くの親たちの信仰でした。現在の日本でなら、論理的に立場④を支える「私」の実質は、宗教の力ではなくて経済力であり、多くの親ではなくて少数の親たちでしょう。もとより現実は論理通りになっているわけではありません。本来対立してもおかしくない、立場②と立場④の連合、国家の教育権と私事としての教育の主張、その連合体が教育現場を管理、支配しているのが現実でしょう。

経済の自由——二重基準と逆二重基準

樋口　経済の自由については、二重基準と逆二重基準という論点です。

二〇世紀後半の憲法典ないし憲法判例——判例に限らず憲法実例と言ったほうがいいのかも

知れません——は、議会の立法について憲法を基準とする評価をする際の二重の基準という手法を提供しました。大雑把に言えば精神活動の自由の場合と、経済活動の自由の場合を分けて、後者の場合には立法権の判断をより尊重する。そうすれば違憲判断は少なくなります。そうすることによって、社会的な観点からの国家活動を促進し、少なくとも許容度を大きくするという方向です。これは第二次大戦後の西欧諸国で welfare State（福祉国家）、Sozialstaat（社会国家）、régime mixte（混合体制）などという呼び名で呼ばれた国家のあり方でした。それが逆転するのが一九九〇年代以降の憲法プラクシスでした。ここでは経済活動への国家干渉を抑制する方向への逆転があらわれます。干渉を抑制し、むしろ干渉から全面解放したいという、いわゆるネオリベラルの方向への逆転です。これはしばしば精神活動の自由への制約、「イリベラル」と呼ばれる方向と結びつく。こうして逆二重基準の方向が強まってきます。

ただし、その際に、ネオリベラルへの方向が、実は強力な国家主導の政策努力によって推進されたことに、注意が必要です。これは、「ネオ」のつかないリベラルをつくりだすための国家介入が初期近代の課題であったのと、客観的な歴史過程としては相通ずるものがあるからです。

もともと前述の岡田シェーマは、身分制構造の下での営業独占、それを解体する公序としての営業の自由の強制、それを経て成立した経済活動の場での国家からの自由、そのもとで自由放任それ自体が競争を排除する競争を生む結果としての現代型独占になり、それへの対処として、独占規制法制による競争の回復(適用除外つき)、そういう大きな流れを示すものでした。これは歴史認識の大筋として、私には納得できるものです。

二〇世紀末に向け、世界的に推進されたネオリベラル路線、一九八〇年以降のサッチャー＝レーガン路線は、日本では二〇一二年の安倍政権以降明確になります。西欧の場合で言えば競争を排除する競争は一九世紀いっぱいかかって貫かれるのですが、それを再び今度は国家主導で、かつ国境を越えて、日本の場合には初めて系統的な政策として、いみじくも既得利益に「ドリルで穴をあける」という表現がありましたが、短時日で実現したものと言えましょう。

その速度と深度は国ごとに多様であって、既得利益、中小の工業生産者、商店、農民が選挙ないし社会活動を通して政治上の抵抗力をどれだけ強く発揮できたか、そうでなかったかによって左右されます。知識層の場合、ネオリベラルとリベラルの共通性と具体的な効果のもたらす違いをどう予測し、どう測定するかが問われたように思います。例えば超異端思考のはずのミシェル・フーコーがネオリベラルに当初好意的であったのは、ネオリベラルが彼の考えるようなリベラル＝解放思想に共通する面を過大評価したのではないでしょうか。

家族形成の自由vs.公序＝個人の尊厳？

樋口　次に、憲法二四条に相当する問題で、一方で、家族形成の自由、他方で個人の尊厳という公序、の間の関係です。

中間集団の解体と個人の析出という大枠の中でも家族という集団が特別扱いされ、保全されてきたということは、指摘されている通りです。それ以上に、家族は近代憲法以前の社会の骨組みでした。一方で家長単位の個人主義が語られ得る状況もあれば、他方では家・家長支配による個人の目覚めの抑圧という状況もあります。前者は村上シェーマがその積極的意義を指摘してきた点です。ナポレオン法典自身が家長単位の個人主義の一典型だったでしょう。他方、家・家長支配による個人の目覚めの圧迫は、家単位の一君万民体制の中で、「家」が大正、昭和期、日本文学の主題であったということを、説明してくれるでしょう。

憲法二四条の個人の尊厳は、旧・家秩序に対する関係で、近代家族の理念を、憲法上の公序として設定したことを意味します。個人の尊厳を貫くためには家族解体の論理をも含むことになりますが、そのことを承知しながらもなお維持されるべきものとして描かれる近代家族の理念像、これが二四条でしょう。この点、ナポレオン法典が聖典化されたフランスでの家族法改革は一九六〇年代以降のことですから、敗戦の衝撃が入った日本国憲法の二四条よりも遅いのです。

しかし日本の現実はどうか。夫婦同「氏」制度を合憲とする最高裁判決は、家族を「社会の自然かつ基礎的な集団単位」と呼んでいます。その点で注目しておきたいのは、帝国憲法発布に先立つ一八八〇年代の明治の自由主義者、小野梓の『国憲汎論』と、同時に刊行された『民法之骨』の二著の中で、「独立自治の良民を以て組織するの社会」という理念が語られ、「一団の家族を以て其基礎とする社会」ではなく、「衆一箇人を以て基礎となす社会」という家族像が、先取りされています。二つの家族像が、当時から一四〇年をへだてた現在なお、法律家層の中ですら競り合っているのです。

近代家族像をいったん前提とした上でなお、次のような問題があります。人と人との自由な結合としての家族のありようを自分たちで決めるのだ、私たちはこれでいいんです、あるいはこれこそがいいんです、という主張はありうるでしょう。しかし、それに対しては、なるほどあなたたちは憲法一四条で個人として尊重される、しかし二四条は公序としての個人の尊厳を要求しているのです、という主張が対抗するでしょう。外から見れば両性の平等に合わない、公序としての個人の尊厳に合わないように見えるかもしれないけれども、私たちにはこれがいいんですという主張にどう対するか。「MeToo」という主張が巷に溢れていますけれども、客観的にこの「MeToo」はどちらを意味しているのか。自分自身で決めようとする個人の尊重か、自分でも決めてはいけない個人の尊厳という公序なのか。

＊＊

蟻川　法人の人権のところで個人的に思い出すことがあって、私が助手だった九〇年ごろに、その段階でもまだ、学界では樋口学説の「法人の人権」批判は、非常に新しい主張として受け止められていました。ここで、憲法学者の内野正幸との私的な会話のなかでの彼の発言を紹介したいのですが、それは、「あれは樋口先生は解釈論として言っているわけではないよね」、という趣旨の発言でした。内野は、憲法解釈に関して厳格憲法解釈論という特筆すべき議論を展開した、私の敬愛する研究者です。その内野にして、そういう認識であったのです。私が思うに、法の解釈論というと、さまざまな事情を較量して据わりのよいところに落ち着かせるものだという鞏固な先入見がわれわれにはあって、人権とは個人のものであるから法人には凡そ及ばない、というような強烈な主張は、鋭い問題提起ではあっても、法人をめぐる社会現象への批評的な観察か、さもなければ、政治的な主張であって、法の解釈論という論理身分のものではなかろうという空気が緩やかに行き渡っていたのではないかという感触がありました。これは、多面的な問題の一面をあえて意識的に切り取り、それを切り口として鉈を振り下ろすような解釈論のモデルが、それまでの学界には殆どなかったからではないかと思うのです。「法人の人権」批判は解釈論として提起されていたのですよね。

樋口　もちろんです。

蟻川　それだけに、九〇年代に入った時点であってもなお、そう受け取られていなかったということは、何かを意味しているように思われてなりません。断言はできませんけれども、樋口憲法学の受容一般に関係しているような気もします。樋口言説における鍵概念に「緊張と連関」というのがあります。いや、「連関と緊張」だったかもしれません。しかし私にとっては、「緊張」なのです。まず緊張関係(Spannung)が先に立つ。連関は、まあ、あってもなくてもよい。基本的な原理や価値は、つきつめれば、相互に対立・衝突する。現実的には、両者の調和を試みたり、折衷・妥協を図って世の中を回していくのが、これも樋口ワードでいうと、「法の賢慮」でしょう。しかし現実問題の解決にあっても、つきつめた諸原理間で苛酷な選択をすることで、却って窮境に活路が開かれるということがある。問題が根源的であればあるほど、調和や利益較量ではない、厳しい選択が必要になるはずです。樋口憲法学が向き合おうとしているのは、そういう問題だと思います。法解釈が「法の賢慮」だということを語った上で、しかし要所要所で、あえてバランスに頓着しない「賢くない」解釈論を立ててくる。樋口憲法解釈が受容されるか否かの分水嶺の一つはそこにあるように思います。

樋口　実定法学の講義でいちいちの判例を深掘りはしなくとも、聴いている人によって必ず解釈論と結びつけられるということは覚悟して言っているわけでしょう。

蟻川　そうですし、だからこそインパクトもある。でもそれほどまでに、先ほどの七〇年樋口報告未消化の部分と言われましたけれども、人権の主体が個人と集団を同時に含んでいるという磁力圏が強力で、まさか集団あるいは会社とか法人を、さすがに人権の主体から外すということまでは樋口も考えてはいないだろうという、そういう学界状況があった……。

樋口　それは、法人に甘いというより、人権というコトバに甘いのです。ですから、人権の定義によって、もう一つのほうの答えも自動的に出てくるわけだけれども。

蟻川　そうですね。でも、今日でも樋口流に議論を立てる人というのは、少ないのではないでしょうか。憲法学者は、法人は本来の人権主体じゃないんだということを考えてはいても、いざ何か憲法解釈論を述べる段になると、法人だからといって人権を認めないという覚悟はなくて、一番覚悟があるくらいの人でも「準用」する。テクニカルには「憲法上の権利」と人権を区別するというクッションが挟まれるわけですが、憲法上の人権条項を、本来は個人に対するものだけれども、法人に対しても「準用」するとか、そういうテクニックで、実質的には人権主体性を認めているに等しいことになっているのです。ともかく、人権主体性に関して個人と法人を無差別に扱う磁力圏は依然として相当に強くて、強いとさえ意識されないほど強いものになっています。

いま言われた、人権についても甘いというのは、具体的に言っていただくと、どういうことですか。

樋口　例えば、国が相隣関係の問題を「人権」問題に入れちゃう。人権擁護局の統計の表示の仕方にそれが出てくるじゃないですか。

蟻川　そうですね。

樋口　人権を侵す主体というのは、隣家のテレビの高すぎる音であったりというのが日常じゃないですか。そういう語法への異議申立てのつもりなのです。

蟻川　そういうことですね。

ところで、廣中―樋口は決着をみたのですか？

樋口　「個人」の尊重か「人間」の尊厳かという論点については決着をみたのです。

蟻川　樋口シェーマでいえば、自己決定の主体にかかわる問題が「個人の尊厳」で、価値内容が「人間の尊厳」であるという土俵が作られています。相当割り切った切り分けにも見えますが、その切り分け自体も、廣中は受け入れたということですか。

樋口　人間の尊厳という一般的な実質価値よりも、個人の尊重という特定価値のほうが最終的には上にくる。個人の尊重に反するような人間の尊厳の出番はないということです(前出一七八―一七九頁)。

＊＊

蟻川　岡田の議論が樋口憲法学のなかで非常に大きなものになっていくわけですけれども、岡田が経済的自由に託して言ったことを、あらゆる領域に共通する構造として受け止めたことが、樋口憲法学の枠組みを強く規定することになっていると思います。これについては、岡田自身が自らの問題意識を潜在的にはそこまでの拡がりを持つものとして打ち出していたということでしょうか。

樋口　精神的自由の問題についても、『経済的自由主義』の序文で、岡田自身の立ち位置が強く出されています。彼は日本社会の精神構造を問題にしたかったんじゃない？　親しい同僚であるはずの渡辺洋三に対する批判も尋常一様じゃない。親しい間柄の宮沢、尾高がノモス主権論争で正面対決したように。

蟻川　なるほど。ここでも、「国家からの自由」を基調とする近代立憲主義確立期の前に市民革命期を置いたということが、やはり意義深かったという感触です。「公序」の設定を岡田が「人権」ではないという性格づけで提示したことで、これは「公序」という概念自体のイメージも相俟ってでしょうけれども、「国家による自由」の重要性が十分明確にされたとはいえなかったのではないでしょうか。岡田自身、信教の自由に対する政教分離の位置づけに関して、高柳信一の政教分離＝人権説を持ち出した上で、それは採用できないと書いていますが、これは「公序」の重要性を憲法論として伝えることの難しさとかかわっているように思います。この困難を克服したのは、岡田ではなく、「公序」それ自体を、社会の権力からの「国家による自由」という固有の個人の自由として意味づけた樋口であったのではないでしょうか。

それから、親しい間柄での批判ということですが、そういう批判とか論争というものも、樋口以降、あまりないですよね。批判という文化が、憲法学のなかで衰弱しているのでなければよいのですけれども。

平生どこまで仲がよいか、近しいかどうかは措くとして、しかし近い関係のなかでの批判ということでいえば、話は飛びますが、私の助手時代に、民法学で星野・平井論争というのがありました。主として法学雑誌上で行われていた、法解釈の在り方一般をめぐる論争でした。不敏な私は、はじめ、二人は同じ学部の同僚なのだから話し合って決着をつければいいのではないかなどと迂闊にも思っていたのですけれども、すぐに考え直しました。論争として公衆(Publikum)に向けて文章にして示すことに意味があると気づいたのです。自分自身も、論争相手も、思考を反省的に整理できますし、何よりも第三者が自由に参入できます。テーマが重要であればあるほど、内輪で解決してしまってはいけないのだと。

杉原泰雄、行政法学の藤田宙靖。それから、菅野喜八郎、刑事訴訟法学の小田中聰樹。行政法学の森田寛二。樋口学説は同僚らとの数多くの論争に呼び出されたわけですけれど、そうした論争は何故なくなったんでしょうか。共通の土俵がなくなってしまっているのでしょうか。

樋口　いや、それよりも、学説を争うよりも現実の判例とか、人によっては市民活動など、これはこれで重要だから、学界のなかの論争というのは少なくなってくるのかな。

蟻川　そうですか。樋口憲法学がしてきた批判や論争というのは、どれも掘り進めていくと根源的なテーマに結びついていて、相互批判を通じて、テーマの核心に迫っていくといった感じですけれども、そういうことを可能とする論争という形式が文化として成立するためには、論争の当事者の間、少なくともその主たる担い手に、論題設定の学問的公正性の感覚がないといけないように思いますし、論争相手への敬意の存在も必要でしょう。論争の土壌を培養することは、そう簡単ではないと思います。

しかも、学問が細分化するのは当然ですから、細分化されたいくつもの分野にまたがって論争にかかわるという場合には、それぞれの論争相互の間をつなげる何かがあることが多いのではないかと思います。何か共通の大きなテーマ、大きな物語じゃないですけれども、そういう大きなテーマを持っていないと、一人の研究者がいくつもの論争に従事することは、それがいいことかどうかも議論はありうるでしょうけれども、不可能だと思われるのです。論争という文化それ自体の衰弱という問題とともに、この問題も、学界としては考えておくべきではないかと。グランドセオリーの喪失――。憲法学では、樋口陽一の学問が、あえていえば最後のグランドセオリーなのですかね。

樋口　林知更による批判の観点からすると、芦部、樋口、高橋はグランドセオリーです。もうそういう時代ではないという認識なのじゃないですか？

V　規範・権限・象徴

α　法創造＝立法・解釈と法学

樋口　ここでとっかかりにするのは、仙台の学問環境に刺戟を受けながら自己形成を始めた、出発点でのことです。教授会構成員として、当時の東北大学法学部では、教授、助教授の地位は法令解釈の枠内での限り全く対等でした。加えて、狭義の師弟関係にある同僚が全くの例外であったという、デ・ファクトの要素がそれを裏付けていました。

私が助教授として教授会メンバーになった一九六五年は、東北大学にとって固有の、当時の言い回しで呼んでいた「昭和四〇年本学問題」に直面し、理系も含め真剣にそれに対処し、それを教訓にして大学全体として大学の自治というものを考えようという、私にとっては恵まれた状況だったのです。

その後、追いかけるように六八―六九年をピークとする大学紛争です。これは世界に共通する現象でしたけれども、日本独自の歪みを伴った、大学にとっての危機でした。大学の人間――自分たち自身で「学者」と言うとおかしいので私たちは「学問者」という言葉を使っていましたが、文系の学問者にとって大学紛争の中でも答えは書くことだということで、逆に研究のインセンティヴが刺戟されたのです。

そのような環境の中で交わされる学問上の問題関心が、自分たちそれぞれの研究方向を刺戟しました。一九六六年、私の一年半後に着任してきた藤田宙靖との議論の中から、早速、書いたものとして形を残すことになります。

「実体法の世界と手続法の世界」――有権解釈という問題

樋口　藤田は着任してすぐ、彼が敬愛する前任者、まだ定年前だった柳瀬良幹の学問を対象主題として書いた機関誌『法学』の連載論文で、「流動的実体法論」と彼自ら呼ぶ議論を提出しています。もともと柳瀬が提出していた問題というのは、柳瀬流の表現で「実体法の世界と手続法の世界」という主題でした。その内在的批判の中から藤田が自らの論文の主題にしたのが、流動的実体法論でした。

柳瀬は二つの世界を截然と分けるのです。「実体法の世界」では、法の意味が何かは真か偽の世界である。これは古典的な法実証主義の考えを引いているわけです。柳瀬があえて論文の対象にしているのは、しかし自分が法の意味として真だと考えていて、それは客観的に真のはずなのだけれども実際には有権解釈として採用されない、あるいは論争で負けた形になることもある、という問題でした。論争の場合には最終的に決着がつくということはないわけですが、実際に国家機関が採用するかどうかは明々白々に決着がつくでしょう。それを柳瀬は、手続法の世界だ、ここでは力が決めるのだ、とする。「力」というのは、有権解釈権を持っている国家機関が決めるという意味で、それは真偽とは関係ない。真偽の世界と力の世界の二元論です。それに触発されて出した藤田の議論が流動的実体法論です。

柳瀬の言う実体法の意味内容は、実は有権解釈権を持っている機関の介入があるまでは流動的なものとして見ざるを得ない、という考え方です。これはケルゼンの、しかし、俗に理解されていたようなきれいなピラミッドで描き出すというケルゼン像とは反対の、法段階論と通ずる議論です。そのケルゼン的な問題発想を的確に咀嚼したものだとして、私もこういう同僚がやって来たということで嬉しく受け止めたことを記憶しています。

蟻川　藤田の柳瀬学説批判に関連してですが、柳瀬の議論は、今日でいうと、学説の法解釈と、裁判で最上級審でひっくり返されない法解釈の関係といったようなところで、判例と学説の協働のような話にもつながる議論だと思います。柳瀬があの時点であういう議論を出したのは、やはり大家としての識見だと思いますけれども、単純素朴な議論というのは、若手が出すと、物がわかっていないんじゃないかということになったりもするのですが、大家が出すと、素朴だけれども何か考えるべき問題を見つけることになる。

樋口　そう。

蟻川　ご自身は、そういうことを自覚的にされようとしたことはおありですか。まあ、すべてがそうだとも言えますが。「法人の人権」批判なんていうのも、ひょっとしたらそうなのかもしれません。

樋口　それはまだ四〇代のときですから。もっとも柳瀬だって書いたのは四〇代か。

蟻川　皆さんそうなんですよね。大家は若いうちからそうやっている。

樋口　私のほうはと言えば、就職論文の副産物として、六四年『思想』に世良の推輓を得て載せた憲法変遷論という形で、流動的実体法論が答えようとした主題について書いたばかりだったのでした。私の議論は、憲法変遷論、フランス流に言えば憲法慣習論が説明しようとする問題を、あえて説明しないのです。私の表現では「法源」、これは法制定者が一定条件の下で下した法的価値判断として原理的には客観的に特定できるはずのものだ。そういうものとしての「法源」は、「真」ないし「真」か「偽」かの判定対象となるはずだ。しかし、それが法の世界にそのようなものとして実現するわけではない。実現されたものが positives Recht, positive law, droit positif ということになるが、それを「実定法」と訳してしまうとこれまで一般の議論に戻ってしまいますので、あえて直訳して私は「実効法」という言葉を使っていました。この実効法は確かに流動する。この二つに分離して突き放したままにする、という考え方です。

ちょうど一九六四年に渡辺洋三が「法源としての憲法」「イデオロギーとしての憲法」「制度としての憲法」という議論を出していました。「法源」は、私が「法源」という言葉で呼ぼうとしたもの、「制度としての憲法」は、私が「実効法」という言葉で言おうとしたものが、それに対応します。法源を前提としながら提示される様々な解釈を、渡辺は「イデオロギーとしての憲法」と呼んでいました。それぞれの各人各様の解釈論という意味です。その中で特定のイデオロギーが権力によって採用されて、制度としての憲法になる、という図式でした。

憲法学の分野で言えば、戦前の憲法学で宮沢が理論学説と解釈学説の二分論——何度もこの場でも言及してきましたけれども——を出しています。渡辺の言う「法源としての憲法」「制度としての憲法」は理論学説によって確かめられうるということになります。「イデオロギーとしての憲法」と渡辺が呼んでいるものは解釈によって様々になるものというふうに、宮沢が出していた議論とも結びつくのです。

学説二分論と両面機能性

樋口　その際、理論の立場から認識されたものを記述する理論学説、もう一方で、かくあるべしという解釈論を提示する解釈学説という学説二分論を前提とした上で、問題となる事柄を私は批判的峻別論という形で、のちに東京に移って最初の、八一年の法哲学会報告の主題としました。そして、その主旨を補う論説を八四年に書いて、「学説の両面機能性」と私自身が呼びました。この点については、清宮同門の先輩で、学問上の問題関心も重なることの多かった菅野喜八郎からの真っ向からの批判を受け、お互いの間ではそれぞれの考えを言い尽くしたつもりでいます。

ここでは、具体的な歴史上の素材に即して、両面機能という定式化を私がするようになった思考過程を述べておくことにしたいのです。

天皇機関説事件による美濃部受難の直前まで、宮沢は学説二分論の枠組を示した上で、美濃部を批判する論考を公にしていました。ほかならぬ美濃部還暦記念の一九三四年論文集の「国民代表の概念」は、方法論的にまさにそういうものでした。三四年に憲法第一講座開講の辞としてオーギュスト・コントの学問三段階論、神学的、形而上学的、そして最後に科学的段階に達するという三段階論を引き、敢えて師の説を形而上学的、遡って穂積・上杉を神学的憲法論とした上で、宮沢自身は第三段階の科学的憲法学なのだ、と語ったことは、学生としてそれを聴いた丸山眞男が証言しています。

その宮沢が恩師の受難に際して、敢えて師説の理論＝科学的要素の部分を取り出し、そこに焦点を合わせて、ローマ法王庁の地動説弾圧や進化論の禁止にまで譬え、「かようにばかばかしいこと」を天皇機関説攻撃者はやっているのだと書くことになります。三六年『法学協会雑誌』論文です。学問上の批判の標的としてきた師説を擁護しなくてはならない立場に立った時に、美濃部学説の中の理論的、科学的側面の部分を取り出して抑圧に抗議したのです。

のちに、宮沢のこの時の主張を鵜飼信成は、宮沢があたかも科学学説ないし理論学説があるかのように主張した、と述べています。鵜飼にとっては確かにそうです。鵜飼自身がそもそも学説二分論をとっていませんから。鵜飼の名著、一九五六年に出た岩波全書の『憲法』は、法学学説に科学理論ないし理論学説というものはないという立場だ、と私は理解しています。そういう意味で、宮沢の応対の仕方を受け止める場合にも、宮沢は法学において科学学説ないし理論学説があるかのように主張した、というふうに書いているのです。それを引用している高見勝利も、それに同感しています。それは法学というものをどういうものとして考えるかの立場ですから、鵜飼自身にとっては当然あり得る立場です。

しかし宮沢自身にとってはあくまでも、理論学説があるかのようにではなくて、理論学説で(も)あるかのように理論学説の側面を強調して天皇機関説を護る立場に立ったのだ、と、私は素直に受け取っています。実際宮沢は、美濃部学説を解釈学説として、しかしまた理論学説としてもとらえることを戦後、思い出を話す中で改めて語っています。『天皇機関説事件』という題目で有斐閣から上・下巻出している宮沢自身の著で、そういう見方を表明しています。

あわせて言っておけば、美濃部の国家法人論、したがって天皇機関説が理論学説と解釈学説の二面を持つということについてあてはまる事柄は、戦後宮沢自身の国民主権、八月革命論にもあてはまるでしょう。そのことを含めて、私の言う学説の両面機能性です。

宮沢三六年論文に言及しましたので、宮沢と並んで美濃部解釈学説の学統を継ぐ清宮四郎について述べておきます。

美濃部受難後、両者にとって最初の論文が宮沢の三六年論文であり、清宮も三六年に論文「指導者国家と権力分立」を書いています。清宮はかつて、彼の処女論文とも言うべき三一年論文で、権力分立の観念のイデオロギー性を批判するものを書いています。eine vergröbende Vereinfachung というドイツ語を使っています。訳せば「粗雑な単純化」。しかし歴史的な必要があったからそういう粗雑な単純化が世に受け入れられたのだ、という文脈だったでしょう。そういうふうに権力分立思想のイデオロギー性について批判的な書き方をしていただけに、中途半端にそういうことを知っている読者のなかには、三六年論文のタイトルだけを見て、三権分立論を批判的に分析していた清宮だから、時代が変わってしまった三六年に、指導者国家論の見地に立って、権力分立批判を書いているのではないか、と思う人がいても不思議でないでしょう。しかし、内容は正反対であって、権力分立から彼はさらに遡って個人主義の意義にまで言及しているのです。

京城時代に遡って清宮をずっと追跡している石川健治はこれを読みとって、表題を一見しただけでは持つかもしれない意味とは正反対に時代へのプロテストだ、と受け止めています。その清宮の戦後第一声と言ってもいい、公の場でまとまった作品を出したのは権力分立論です。ただし、三一年論文が理論の立場で批判的見地から三権分立を取り上げたのと違って、法解釈論の立場から、批判の筆ではなく、建設の筆をとって権力分立論を彼の解釈学説の中心に据えたという、興味深いクッションを伴った時代性を示しているのです。少なくとも学術論文レベルでは、三六年宮沢論文と並んで三六年清宮論文も、美濃部門下の二人の逸材がどう反応したかということを後世に示してくれていると思います。

解釈学説の「学問」性をめぐる二つの見地

樋口　さて、学説の両面機能ということについては、そういうことはあり得ないという批判を世良晃志郎が二度の詳しい書信で批判してくださったことを先に述べました。

世良の足場は、マルクスを理解しつつもヴェーバーがその基本的視座で、加えてK・ポパーにも共感を持っていた。このことについて丸山眞男との対談で、世良のポパー贔屓に対し、丸山が「なるほどポパーは面白いけれども、電気掃除機みたいに頭の中のゴミを払ってくれるだけじゃないか」と応じています。お互いにそれぞれ信頼し合った学者二人の遠慮のない議論の中での、面白い表現です(『丸山眞男座談8』岩波書店、一九九八年)。

さて、世良はあくまでも歴史学者として徹底しようとしている。歴史学の学説は当然、認識の学でしょう。安易に物語を語ってはいけないでしょう。もちろんその反対の落とし穴、無限に多様な歴史上の事実に虚心坦懐に臨めば学問になるというわけではないということは、世良自身が何よりもよく日頃から強調していました。ヴェーバーと同様、学問に携わる際の研究者自身の観点、価値評価の主体性が致命的に重要だということは、世良が繰り返し言っていたことです。何が自分にとって問題であり、だからそれを問題にするということになってその段階に入ったら、それ以後は論理と事実のみに即した反証可能性の吟味に服するということを認めるかどうか、それが学問と非学問を区別する。加えて世良の場合には、峻別した上で、学問外の言動そのものを回避するものではない、ということも重要だったのです。

歴史学、少なくとも世良が考える歴史学に即して言うならば、学説二分論ということはあり得ない。二分されるのは学説と実践の間だということです。法史学は法学部の中にいる必要はないという持論を折にふれ語っていたのは、歴史学として徹底するのだ、あとは一人の人間として、市民として、あるいは大学人として、自分が選びとった価値に即した発言をするのだということで徹底していたのだ、というふうに私は受け止めてきました。

それに対して実定法学は、そもそも解釈学説を説く場が本業です。「本業」という言葉がふさわしいかどうかは別として、法学としてかかわる多くの場面は、解釈学説の説き手としてです。両面機能という見地を表に出す前提として批判的峻別論を述べる時に手がかりにしたのは、世良還暦記念論文集に載った廣中論文でした。民法ないし憲法という解釈学説を改めて自覚的に学問内活動として行おうとする中で、両面機能という発想が、自分のしていることについての私自身の定義と言えば定義として、導き出されたわけでした。

＊＊

樋口　大学で研究と教育を担当する者にとって、司法試験考査委員としての仕事への参加を求められたときにどう対応するかは、むずかしい問題でした。法律家を育てる教育の延長という面と、そのために自己自身の研究時間を割き続けるという面の相剋に向き合うわけですから。一九八六年に委員をつとめたときは、一〇枚(?)つづりの便箋風答案用紙(当時はコピーなし)の山に囲まれて、まるまるひと夏を過しました。

当時は司法試験も、何々について論ぜよというような問題が主流だったから、受験者にとって「傾向と対策」は必須でなかったわけです。教科書、概説書を読み込んでいて、応用力があれば答えられたはずでした。

蟻川　司法試験委員の時は、そうした一行問題といわれるものと、それから事例問題も、とか、そういう要求はあったのですか。一年間やられた時には。

樋口　形式、内容に関する注文はありませんでした。

蟻川　司法試験の憲法の論文式は、当時は二問で、大体、一問は人権、もう一問は統治機構から出題されました。樋口委員の年の人権の出題は、確か海外渡航の自由で、憲法二二条一項ととるか二項ととるかで「公共の福祉」がかかってくるのかどうかが解釈論的な分岐になるようなことが、「公共の福祉」理解と絡めて問われるような出題でした。これは樋口出題ではないかと当時勝手に当て推量していましたけれども。

樋口　そうかもしれないけれど、はっきり記憶していない。でも、それはやっぱり論文式の典型じゃないですか。私の出題かどうかはともかく、いい問題じゃないですか。

蟻川　いい問題です。だから憶えているんです。

司法試験委員は、一年は断れないけれども、一年でもうよしとして辞められたという感じでしょうか。確か一年ですよね。

樋口　一九八六年のことです。翌年は国外で講義の約束があったから。だから断ることが無理なくできました。戻って来てからは別にお呼びもなかっただけです。そう言えば、芦部委員はもとより、あの前後は続々と全国憲法研究会のメンバーが、栗城、大須賀、吉田、みんな司法試験委員になったでしょう。

蟻川　栗城委員は長いですよね。芦部委員が一番長かったんですよね、司法試験委員。そういう役割だったんでしょうね。

β　国民主権＋市場原理 vs. 個人＋中世立憲主義

樋口　βにいきます。αは東北大時代から八〇年代前半の経過の中でのことですけれども、ここでは、現在の状況を憲法学の立場からどう整理して記述するか、ということになります。

「国民」主権 and/against「個人」の尊重＝尊厳

樋口　一方は、国民主権プラス市場原理、国民主権という法の基本原則と社会経済の基本原理としての市場原理、のセットです。他方では法の原則として、日本国憲法で言えば憲法一三条「個人」が出てくる。国民主権には、補いあう市場原理という経済社会の論理があるのに対し、個人の尊重の場合にそれを後押しする原理は、説明を要することだけど、中世に遡る立憲主義の伝統ということになる。個人が近代＝一七八九年の原理だとすれば、それが危うくされたとき抵抗の楯となるのが中世＝一二一五年の原理、という図式になります。

一方で国民主権プラス市場原理、他方で個人の尊重・尊厳と立憲主義という伝統、この二組の項目は and/against の関係にあると言ってよいでしょう。学説二分論の見地から言うと、解釈学説の立場からすれば少しでも相補う関係で結びつけたい。実際、国民主権と個人の尊重は憲法規範の建前です。ただ、国民主権のほうには市場原理という現実の応援団がついているのに対して、個人の尊重のほうは、「マグナ・カルタ」以来の身分制的伝統という、論理的に異質のものをあえて動員することによって支えなければならない。そういう二つの項目が対峙しあっている。それを、解釈学説としては少しでも相補う関係にとらえたい。それは、憲法規範自身の建前なのだから。これが and の関係です。

しかし、理論学説の突き放した観察者の目線で言えば、問題の二つの項目は少なくとも緊張関係にある。「個人」という価値が「国民」の喝采によって脅かされるという例は現代史に事欠きません。そういう意味で and/against の関係にあるという基本的な見方を前提にして、以下では、第一に政治部門、第二に裁判部門について、加えて第三に天皇に関する憲法第一章について、言及しておきましょう。

憲法四一条 and/against 四三条

樋口　政治部門について言えば、国権の最高機関としての国会、これは憲法四一条です。それと、全国民を代表する選挙された議員(四三条)の間、これも and/against の関係なのです。

常識的なことを含めて議会制発展史の中での、代表の観念の展開史を大雑把に確認しておくなら、三つの段階があるでしょう。第一段階はエドマンド・バークの一七七四年の言葉とともに知られている、身分ないし選出母体の代理人としての集会から国民代表への転換です。ここでは、訓令付委任の拘束から独立し、財産と教養、説得と同意というふうな言葉がイメージとしてあてはまるような、議会のあり方です。第二段階は一九世紀の後半、イギリスのチャーチスト運動やフランスの一八四八年革命を背景にして、一九世紀半ばで普通選挙に接近する段階です。「男性普通選挙」と正確に呼んでおく必要があるでしょうけれども。第三期が、典型的には二つの世界大戦にはさまれた戦間期の危機の時代です。

その危機の時代に、第一の段階に即した理念型をつくって、その破産を言う。これがカール・シュミットの議会制論です。それに対するケルゼンは、第二の段階以降を想定してリアリストとしての擁護論を語る、ということだったでしょう。

第二次大戦後になると、一つには三〇年代の負の教訓があまりにも生々しかったことに加えて、各国少しずつずれながら、「黄金の三〇年」と言われる経済成長の時期を経験する。そういう段階で、ケルゼンが示したような枠組のなかで、アメリカを含めた西欧諸国で、それに準ずる形で日本でも、とにもかくにも民主主義と結びついた議会制、一口に「議会制民主主義」

と言えるような、議会のあり方の安定期が見られた。保守合同で成立した「五五年体制」が、それに当っていました。自由民主党の「一党支配」のファサードに隠された実体は、「派閥」という中・小政党(「三・角・大・福・中」)の連立政権内の権力移動の反復であり、高度成長下の利益集団多元主義という社会経済的要因と、中選挙区制下の派閥の競争的共存がそれを支えていた。加えて、労働運動や住民運動をも背景とした野党の抑止機能、国政野党勢力に担われた「革新自治体」、さらには官僚制の相対的独立性(「大蔵省によるシヴィリアン・コントロール」など)の要素が、多かれ少なかれ作用を及ぼしていたのです。

この段階でも、かつての「代表」の理念そのものは、憲法典に維持されています。日本国憲法四三条やドイツ連邦共和国基本法三八条がそうです。他方でそれは、院内会派の規律、プラス、それの背後にある院外利益集団との間で対抗的な関係にあるから、理念と現実がそれぞれの国の、それぞれの仕方で軋みを見せます。それにしてもこの時期は、議会制民主主義の歴史にとって一番の安定期を経験した、と言っていいはずです。これらのことについては、一九九八年、衆議院法制局発足の五〇周年記念の機会に求められて、「議会政治 and/or 政党政治」という話をした記録が衆議院法制局の出版物に載っており、『判例評論』に再録されています。

その議会制民主主義が、二一世紀に入って再び危機に遭遇している。その一つの典型がアメリカ合衆国のトランプ現象です。ここでは国民主権を前提とする有権者集団が完全に分断されていて、政権交代を公然と否定するような状況に、議会制そのものが当面しています。日本で六〇年安保国会の混乱に際して「議会主義 対 院内主義」(丸山眞男)という形で議論されたことがありました。院内主義批判は、議会制民主主義に立ち戻れという主張ですから、二一世紀型の反議会制とは正反対の向きのものでした。実際、現実にはその時期をまさに境にして、一九六〇年をスタートとしたと言ってもいいような展開がありました。「所得倍増」＝高度経済成長と福祉国家状況の展開によって、議会制民主主義の日本型が定着することが期待されるほどの状況になったのです。ふたたび危機の時代となり、日本の状況は別として、世界的には、院外の主導によって煽動される反議会制運動という危機状況にさらされている、というのが私の現状認識です。

そのことに関連して、多少とも具体的な問題を言っておきたいのは、一つは議院内閣制の日本のありようの問題、もう一つは官僚制の問題です。

解散権は「総理の専権」か

樋口　議院内閣制については、まず、内閣としての権限と内閣総理大臣のステータスの間の関係です。旧憲法と比べれば、内閣総理大臣の首長としての性格が現行憲法によって揺るぎなく確認されることになりました。それを前提とした上でのことですが、どうしても触れておく必要があるのは、解散権の主体という問題です。実はその問題以前に、六九条所定の場合以外に衆議院の解散がありえてよいのかどうか、それ自体が問題です。これは、論じ尽くされることなく、しかも論じられ続けてきた問題であることは、共通の認識でしょうから、ここでは立ち入りません。

しかし、それを別にしても、「解散は総理の専権」という言葉が政界の常用語となり、メディアの上でもそのまま受容されている。解散権の主体については、内閣が無限定にそうなのかどうかはまた別問題として、少なくとも内閣総理大臣でないことは実例でも明白になっているのに、です。実例でも、衆議院の解散を内閣の意思として決定するために首相が閣僚罷免権を発動しなければならなかった例はいままで四件ありました。また、党内の力関係からそうすることができなかった三木武夫首相は、解散に訴えることなく、議員任期の満了を前にした選挙の結果、退陣を余儀なくされました。

「行政各部」と官僚制＝「全体の奉仕者」

樋口　加えて、憲法七二条は、内閣総理大臣が「行政各部を指揮監督する」と規定していま す。行政各部は、内閣法レベルではなくて、憲法上の存在なのです。この「行政各部」という四文字も死語になっているということを、少なくとも学説は繰り返さなければいけないのではないか。行政「各部」から抵抗がなかったから、メディアが総務省の「恐怖政治」とまで言うほどの事態が実現したわけでしょう。

もう一つの官僚制については、憲法一五条二項が、公務員を「全体の奉仕者」という明確な言葉で位置づけています。「全体」の奉仕者であって内閣総理大臣の奉仕者ではなく、内閣の奉仕者ですらない、ということです。

「法発見」から「立法」の観念へ

樋口　次は、司法の問題です。一般論としては「裁判」と言っておいたほうがいい。日本では裁判イコール司法と言って差し支えないのかもしれないけれども、裁判と司法は、比較憲法的にはイコールではありませんから。

さて、近代以前の立憲主義をたずねて西洋中世に遡れば、「法発見 Rechtsfindung」というキーワードがありました。法はすでにあるものであって、それを発見するだけだ、と。もちろんこれは建前の話です。法をめぐる議論の多くは建前の話であることに、まず意味があるのです。その法は、裁判する者が発見する。立法という観念それ自体が近代に特有のものだということは法学概論で常識に属することですけれども、そうであるだけにやっぱり、もう一度確かめておく必要があるでしょう。

というわけで、法は中世立憲主義の下では、ドイツ的表現で言えば「古き良き法」として、もとからあるものであり、それを裁判官が発見するのだ、とされていたのです。近代になって初めて、文字通りの意味での立法という観念が出てくるのです。

この段階になって、憲法にとっても誰がどう決めるかということが一番の問題になります。ダイシーの憲法論の第一原則が、King in Parliament という定式における sovereignty of parliament（国会主権）だということは、それを示している。King in Parliament が決めるのだ、ということです。大陸法流に言えば、組織規範こそが本来の憲法だ、という言い方になる。確かに、constitution（構造）、Verfassung という言葉はそのことを示しています。ケルゼンの定式を借りれば狭義の憲法、すなわち本来の憲法、組織規範です。広義の憲法にまで概念を広げれば、基本権という形での自由の目録が憲法という観念に含まれる、ということになります。

司法権の自律 and/against 裁判官の職権の独立

樋口　さて、司法については、一方で司法権の自律という原則があります。憲法条文は幾つかにわたっていますけれども、挙げるのに一番適しているのは八〇条一項でしょう。他方で「司法権の独立」という慣用的な表現で人々が念頭に置くのは、七六条三項、裁判官の職権の独立ということです。ところが現実には、この司法権の自律と裁判官の職権の独立も、and/against の関係に立っている。本来、解釈学説の立場から言えば and という言葉で結ばれるべきものが、場合によっては緊張関係に立つ。そのことは、日本でも、裁判官の青年法律家協会加入が政治の世界で問題になった、七〇年代の司法の危機の時期に展開した事柄でした(前出II4)。

石田和外・最高裁長官が、裁判官は憲法に忠誠を誓わなくてはいけないということを、いやが上にも強調したのです。そこでの「憲法忠誠」という言葉は、ドイツ連邦共和国基本法の下で「憲法忠誠」という言葉が一時期担っていた意味を念頭に置きながら受け取るべきでしょう。「憲法の敵」を排除するという志向と結びついている意味での、「憲法忠誠」です。他方で、裁判官会議の考え方を外に向かって表明した事務総長見解の核心にあったのは、古典的な言葉づかいである「中立」でした。私は石田長官の「憲法忠誠」を新派的裁判官像と呼び、事務総長見解という形で出された裁判官会議の公式の考え方は裁判官についての旧派的・常識的な見解だ、と対置させたことがあります。

この二つは、実は補いあった役割を演じました。青法協問題で石田コートそれ自身が渦巻きの中心点にいた時点で、憲法——石田長官の考える「憲法」ですけれども——への忠誠を誓うことこそが裁判官の任務だという新派的な言い方は、実は裁判官の世界の前提を引っ繰り返す一種の革命のテコだったのです。ただしこれは、長官の立場からすれば、最初の一撃だけで引っ込んでもらわなくてはいけない。「革命」にせよ「反革命」にせよ、それが続いたのでは裁判所はもちませんから。他方、事務総長によって表明された裁判官会議の見解は、平時の論理に戻る。石田コートは、一回発動的な役割を長官の言説によって果たしたあと、平時の論理で旧派的な裁判官に戻るということだったのでしょう。『憲法と裁判』(本書前出六九—七〇頁)の私の担当部分で、そのような見方を提示しました。

いま振り返って長い尺度で見ると、青法協活動は、戦後民主主義高揚期の裁判官像の具体化だったでしょう。小田中・樋口論争と言われたものに即していえば、小田中の裁判官像はそれに対応していたと思います。私のほうは、敢えて民主的裁判官像ではなくて、伝統的な中立者としての裁判官像の土俵で考えたほうがいい、という立場からの発言だったつもりです。小田中との議論のやりとりのとき私は、その時点で困難な状況の中で実際に青法協活動を担っていた裁判官たちの地道な勉強会の人びとを念頭に置いて書いたのでした。小田中が戦後民主主義の展開期の、いわぱ攻めの裁判官像を前提としていたのだとすれば、私の場合は、七〇年代以降の、いわば守勢の中で初心に忠実であり続けようとする裁判官像と言えたでしょうか。

「司法改革」vs.「コオルとしての司法」

樋口　さらにのちに、今度は司法改革という形で問題が出てきました。「国民主権プラス市場原理」という言い方をそのことに関連して使ったのは、この時の「改革」派の思想を一つの決まり文句にすればそうなる、という意味でのことです。司法改革は、まさに国民主権と経済社会＝市場の要請に応えられるような司法でなくてはいけない、国民主権を捨てるどころか国民主権の要請に他ならない、という説明のもとに提示された、というとらえ方です。

関連する論点として、二〇〇〇年の法社会学会の求めに応じて、「コオル(corps)としての司法」という題目で報告をしました。「コオル」とは職業身分集団という意味です。対・小田中論争で「伝統的」裁判官像という言葉を使った文脈を引き継いでのことです。「コオル」は私の議論の常用するキーワードである「個人」に対する抑圧要因にもなるのですけれども、「コオル」が本当に「コオル」であり得るならば、対等な身分に属する者同士によって担われる場となるはずですから、その意味で対等性ということを強調して、あえて「コオル」という刺戟的な言葉を使ったのです。

司法に関する問題としては、違憲審査制の問題をやり過ごすわけにはいかないので、一言だけ触れておきますが、これは多分にVのαで取り上げた問題と重なるのです。有権解釈権の帰属の問題です。違憲審査制の問題を憲法の有権解釈権の帰属の問題として見るというのが、私の一貫した最初からの角度です。どういう層がそれを担うのか。解釈論で言えば、担うべきと考えるのか。歴史的には、英米法系統ではlawyer（法律家層）という、一つの職業身分と言ってよい伝統が、支えにあるでしょう。大陸法のほうでは違憲審査の担い手は、ドイツの場合には憲法裁判所内部での学者の役割が大きいと見られます。フランスの憲法院について言えば主として政治家で、微妙なバランスをどう保つかの良識を期待されてのことでしょう。

それに対して日本型はどうなのか。現行の制度は、基本的に職業裁判官にそれを託しているはずです。下級審ではもちろんのこと、最高裁判所でも職業裁判官が主な要素を占めてきたはずです。最高裁判所以外の、憲法の言う下級裁判所の裁判官たちは、具体的な生活環境の中での、なまの生活事実に即して法を解釈適用する人たちです。その中で、どうしても憲法を基準にした判断を入れなければ法律家として満足できるような解決には達しない、だからそこで憲法が出てくる、という形で判断される下級審の判断が積み重ねられて、それを尊重しつつ、最終的な判断を示す最上級審としての最高裁判所、という理念像は、やはり日本型として本来期待してよい違憲審査制度なのではないのか。裁判官懇話会という形で研鑽を続けてきた裁判官たちは、休暇をとった上で全国から一年に一回参集し、お互いの実務経験を論理的、理論的に検討しあう勉強会を積み重ねてきていました。私は懇話会二〇周年の席(一九九一年一一月)に招かれて、そのことの意義を深く実感した次第でした(前出五七頁)。

＊＊

蟻川　提示された日本型の違憲審査制ですが、これは理念と運用の間に鋭い緊張関係があると思います。職業裁判官が事案に密着して法を解釈・適用するというモデルは独自の存在感を持ちますが、その事案に向き合う姿勢が十分に分節されたものでないと、裁判官のキャラクターがかえって事態を支配するということにもなります。総合的利益較量というのがそれです。かつての石田長官は「裁判官の全人格」ということを強調したわけですけれども、あれから約半世紀を隔てて、今日でも、極めて有力な最高裁判事経験者が、裁判官の「全人格」の重要性を指摘しています。伝統的裁判官像の中立性という七〇年代初頭の樋口プランが、今日、あらためて反時代的な意義を帯びてきた様相です。さきほど四一条と四三条の緊張関係という話が出ましたけれども、そうした緊張関係のなかで、樋口統治機構論の重点は、やはり、一五条二項、四三条一項、七六条三項の側に置かれているとお見受けしています。一五条二項の「全体の奉仕者」というのも、七〇年代の猿払判決の頃には公務員個人を「全体」の前に抑圧するのかといった形で圧倒的に評判が悪かったわけですが、第二次安倍政権以降、少なくない数の官僚が一部の政治家の顔を見て仕事をしているといっても言い過ぎではないような事態が続くなかでは、「全体」のために仕事をする公務員像をこそ押し立てていかないといけない。誤解を恐れずに言えば、樋口憲法学がその時々の社会の運動や学界の趨勢から距離をとって追究してきた国家論の「保守」性は、これからの時代の、抵抗だけではなく建設の学問的資源にもなるのではないでしょうか。

日本国の象徴＝「虚器」（宮沢）**と、国民統合の象徴＝「人間象徴」**（清宮）

樋口　最後に、天皇の章について取り上げなければなりません。

私は、日本国憲法の適用下で初めて即位した明仁天皇の三〇年間の体験が終わりに近くなる段階で、ようやく憲法の一つの読み方にたどり着きました。それは、憲法第一条の正文が、「天皇は、日本国の象徴であり日本国民統合の象徴であって」というふうに、はっきりと二つのことを書き分けている、ということです。

日本国憲法の下で憲法の解釈論のあり方を基礎づけた二人の憲法学者が、それぞれそれに対応する天皇像を出していました。「日本国の象徴」については、宮沢がその分厚い註釈書――註釈書ですから法律専門書で法律家が主として読む本です――の中で、天皇の地位を、「虚器」「ロボット」という言葉を使って説明しています。他方で清宮は、一条全体を「人間象徴」という言葉でとらえていました。

実は、宮沢は註釈書の記述の中で、貴族院での憲法草案審議の際の同僚議員だった長谷川如是閑の、「日本国の象徴というのは、ポリティカル・ステイトとしての日本国の象徴のことであり、日本国民統合の象徴というのは、コミュニティとしての日本人の象徴ということである」という趣旨の発言を紹介した上で、「両者をそうきっぱり区別するだけの根拠を見出すことは難しい」とコメントしています。私は、コミュニティという言葉について留保を置きながらも、長谷川の言おうとしたことを自分なりに理解したい。

蟻川　あれは、やはりコロンブスの卵なんですけれど、私はまだそこは、本当にそうなのかというのがわからないところもあって、やはり戦後からの憲法学説が日本国の象徴と日本国民統合の象徴をそんなに区別しなくていいものとした抑制された智慧、あえて厳格に区別しない見識というものも、なお、それらがどこまで意識的だったかは別として、意味があるように思うところもあります。「統合の象徴」を押し出してしまうと、危険ですよね。

樋口　全くそうです。

蟻川　明仁天皇の場合には見事にそれをやられたわけですけれども、その後の人たちに真っ当に継承されるかどうかはわからない。

樋口　わからない。明仁天皇の言動には、あえて危険を冒し、その成否に皇室制度の将来までも託すという意味が含まれていたのだ、と私は理解しています。

書き分けられた二つの天皇像という読み方を前提とするならば、そのうち「日本国の象徴」としては、天皇は虚器、ロボットでなければならない。内閣の助言と承認に、善かれ悪しかれ、そのまま従う。その内閣を支える政治過程をつくり出す、制度上の国民自身が善かれ悪しかれ決めたことに従う、と言い換えてもいいでしょう。地獄に落ちる決定を内閣が、ということは主権者国民がするのならば、天皇もそれに「ノー」と言う余地はない。しかし同時に、清宮の言う「人間象徴」という言葉を、「日本国民統合の象徴」というものと対応させることができるのではないのか。もちろん国民統合は、国民自身が試行錯誤しながらつくりあげていくしか方法はない。天皇につくりあげてもらうわけではない。試行錯誤をしつつ国民統合を時々刻々目指しつつある状態を象徴するのが、清宮の言う「人間象徴」ではないか。

平和条約発効六一年目の二〇一三年四月二八日、「主権回復」を記念する政府主催（従って国事行為ではない）行事に出席を求められた時、明仁天皇（当時）は、「その時沖縄の主権はまだ回復されていません」との言葉を使者に伝えて、かねてからの沖縄に対する関心と配慮を洩らしたといわれます。まことに、「国民統合の象徴」のあり方は、日本国憲法下で即位した最初の天皇となった明仁天皇及び美智子皇后の在位三〇年間によって、一つの範型が示されたのです。

ここでは天皇は、国民が試行錯誤を重ねながら統合に向かいつつあるはずの状況を象徴する。しかし、それにしても、そこには「人間」としての判断が介在せざるを得ない。天皇は、その場では「自由と責任の主体」でなければならないでしょう。この言葉は、宮内庁参与の役をつとめた政治史学者・三谷太一郎が退任後に使っている表現です。もちろん、人間であり自由と責任の主体である以上、事柄は重大です。それは、場合によっては天皇という法的地位自身の消滅という結果に至ることまでをも覚悟しなければいけない。そういう深刻さを含んだ事柄であるということを、同時に言っておかなければなりません。

蟻川　そういう意味では、危険を単に避けるのではなく、危険を多少とも招き入れても「自由と責任の主体」として、限られた場面では内閣による完全ロボット化に抵抗することで政治の暴走に歯止めをかける立憲主義上の役割を果たさせるという、三谷太一郎＝樋口的な天皇像を戦後憲法学の天皇像にぶつけるという、それこそ緊張と選択は、真面目な選択肢としてありうると思います。ただ、私自身について言うなら、天皇に立憲主義の担い手としての役を負わせる考えには賛成できません。ある種の権力分立原理によって天皇に、無法な政治権力に対抗することを期待することは、天皇そのものを権力と見ることに帰結します。それは、日本国憲法が否定した選択だと思います。だから私は、それを条文の文言の定義として正面から認めてしまうところにまでつながって行きうる選択に対しては、大いに躊躇するところがあるのです。とはいえ、みんなは「日本国及び日本国民統合の象徴」というふうに省略的に表現するところを、憲法の条文自身が「日本国の象徴」と言って、もう一回「日本国民統合の象徴」と、二度「象徴」という言葉を使って、二つの象徴を区別している点を重く受け止めるという考えは、確かに多くの人が考えて来なかった天皇の役割の再定義、再配分として問題提起的であるというのは間違いないですね。

樋口　「国民統合の象徴」としての天皇と皇室のあり方は、問われ続けています。二〇二一年七月、東京オリンピック競技大会開会式に「名誉総裁」として臨むことを求められていた徳仁天皇は、五輪憲章が定めている宣言文をどう日本語で表現すべきか、そのことの意味に自覚的だったにちがいありません。感染症の拡大が危ぶまれる中で、酷暑の最中に決行される行事への向き合い方は、「日本国民統合の象徴」としての言動が問われるものだったからです。

そもそも、ことがらは「日本国の象徴」として憲法上で列挙された国事行為に該当するとは言いがたいものでした。他方、流行性疾患が蔓延する中で、大規模な国際競技大会の開催に対する反対ないし懐疑的な世論がとうてい無視できないほどの状況があり、「オリンピアードを祝い」(『五輪憲章』二〇二〇年版・英和対訳)とそのまま述べることは、「国民統合の象徴」であろうとする天皇にとって、受け入れがたいものであったでしょう。オリンピック公用語のフランス語および英語の原文は、「オリンピアードをcélébrer、celebrate」であり、天皇は「記念し」という表現を用いることによって、「祝う」と言うことを回避しました。かつて一九六四年五輪の開会を宣言した裕仁天皇は、「祝う」という表現に従うことを通して、「国民統合の象徴」であろうとすることができました。その用語例にあえて従わないことによって、徳仁天皇は

「国民統合の象徴」であり続けようとする意思を控え目に、しかしはっきりと表明し、「自由と責任の主体」であろうとすることを示したのです。

補章　学説の「一貫」と「転換」

『国家と自由・再論』樋口・高見・森・辻村・長谷部編著、日本評論社、二〇一二年

※この章は、私の同名称の論説(「「学説と環境」再論」という副題つき)の再録である。私の既公刊論文集にあえて収録せず、著書の一部として組み入れることもしないできたのは、主題の性質上、最後の発言の機会に留保することによって、ありうべき批判に自己を委ねることができると考えたからである。

はじめに

一五年前(一九九六年)に『法律時報』誌の求めに応じて憲法特集号に寄せた小論「建設の学としての憲法学と批判理論としての憲法学」を書いたとき、私はその副題を「「学説と環境」という見地から」とした。(1) その後の一五年間の環境の変化を質的なものと見るか、それ以前からの状況の量的拡大として見るか、それは人さまざまであろう。だがいずれにしても、そのような変化の中で、建設の学としてであれ批判理論としてであれ、憲法学が対応し、あるいは対

応してこなかったその仕方について「批評」の名に値する仕事がおこなわれる必要がある。[2] 同じ年に公にされた別の論説[3]で私は、文芸批評家・作家の中村眞一郎の文章を引きながら、日本の学界がそのときどきの「各国の最新」の議論の応接に急で、「日本で欧米の仕事を受けとめた――あるいは、受けとめそこなった――それぞれの受けとめ方をあらためて吟味する、ということが少なかった」ことを問題にしてきたからである。しかし、そのような「批評」の仕事をここでいきなり始めよう、というわけではない。その前に、自分自身が書いてきたことの変化あるいは不変化を、「学説と環境」という見地から改めて整理してみようというのが、本稿の目的である。

幸いなことに、少なくない論者が、さまざまの表現の仕方で、問題を出してくれている。以下に、私について言われている指摘を近年のものについて挙げる。[4]

国民主権について「直接的には、「権力の正統性の根拠のレベル」……でのものであるが、今日では、正統性確保の要請を満たすこと自体のために、「権力をいかに組織すべきかという組織レベル」……の問題にもかかわらざるをえない」と、言うの……は、かつての樋口説の大きな修正であるように見える（渡辺康行、一九九八年[5]）。

「人権」の「主権」に対する優位の主張から、「規範創造的自由」の主体としての市民＝citoyen（＝主権者）による公序構築の主張へと、一見すると転換かと思われる思考の展開（樋澤能生、二〇〇五年[6]）。

一九七〇年代の日本憲法学において、リベラリズム的色彩を最も前面に押し出す最も美しい体系をもった憲法理論……からの転回（山元一、二〇〇九年[7]）。

憲法「科学」から憲法「哲学」への移行（愛敬浩二、二〇一〇年[8]）。

この「共和国」においては、主権がいわば「解凍」され、再び動き出した（工藤達朗、二〇一〇年[9]）。

樋口陽一は「洋学紳士」である。……樋口陽一が「洋学紳士」であると言い切ることは、ますますできなくなったのである（高橋雅人、二〇一〇年[10]）。

樋口の方法論の、ある種「衝撃的」な「転換」(戒能通厚、二〇一〇年[11])。

その内容は、多岐にわたるのみならず、時代によって論敵によって微妙な(ときには微妙ならざる)変化をみせている(小粥太郎、二〇一一年[12])。

どう呼ぶかは別として、「変化」があったとすればその変化には、それ以前からあった要因が表に出て顕在化したもの、すぐれた業績に示唆を受けてその成果をとり入れたもの、向けられた批判を受け入れたからのもの、そして環境の変化に対応して議論の力点を変えたゆえのものが、混在しているであろう。それらを見きわめながら、以下の論述を進めてゆくことにする。なお、ここで「環境」としては、前稿で説明した通り、a＝学説が対象とする実定法、b＝学界状況(研究者集団の動向)、c＝社会の大状況、のことを念頭におく。付け加えれば、「実定法」はその運用された現実の法状況を含み、「学界」には国外のそれを含む。

I 「個人」主義という座標

1 「営業の自由」論争の刺戟

一九七〇年の日本公法学会での私の報告[13]は、「権力と国民との一体化を想定する「真の国民主権」の観念」ではなく、「権力に対抗する人権という観念」を私の憲法論の中心に置くことを述べて結ばれている。これは、当時の一般の議論、すなわち主権と人権の順接続関係を当然として「国民主権の貫徹」を基本にすえる一般の議論に対し、「権力の実体と国民との分裂」、「両者の緊張関係」を前提として、「民主より立憲」という選択を明示的に提示した点で、ひとつの異論提出のつもりであった。しかし、もうひとつの点、権力と対峙するものとして「国民」一般あるいは「私人」一般を語る点では、広く行われていた定式化にそのまま従うものだった。「国民」「私人」の中で権利主体としての「個人」を特につかみ出すためには、六〇年代末から七〇年代を通して、「営業の自由」論争から私なりに学びとる間の時日の経過が必要であった[14]。

この論争に接することによって西欧経済史、立法史上の事実についての認識を深めたことが、私の憲法論にとっての「個人」の発見を促した。私の問題意識をその根本のところで大きく規定したのは、論争を提起した岡田与好による、「人格的信頼関係に依拠する必要の全くない物的・資本的結合」として「現代のリヴァイアサンと化すに至った株式会社」が、「一体何故に、個人の人格の尊厳と自由の理念に由来する基本的人権の担い手となりうるというのか」、という問いかけであった。(15)

経済史家による「法律学批判」とそれへの応答という形で展開した論争に私が格別の関心を抱いたことについては、一つの素地があった。稲本洋之助をはじめとするフランス法および法史の研究者たちとの、東大社会科学研究所での共同研究『一七九一年憲法の資料的研究』が、それである。「「法学と経済学」について――「営業の自由論争」によせて」を『社会科学の方法』誌に書いた(一九七一年)のは、私が同誌の編集委員の一人となっていた編集責任の立場だけでなく、私自身の憲法学にとって論点が本質的な意味を持つであろうことを、自覚していたからであった。(16)(17)

2　反集団型「個人」主義へ

その八年あと、社会科学研究所での別の大規模な共同研究の成果としての刊行物(一九七九年）に公にした私の論文で、[18]「個人」がはじめて作品の標題の中にあらわれている。それは直接には両大戦間期フランスとドイツの公法学での「個人」に対する態度の対照を主題としたものであったが、それを通して、「もろもろの法思想の位置づけをするにあたって、「個人主義」という座標の持つ決定的な重要性」を強調するものとなっている。この論文では、第三共和制期のルネ・カピタンのナチス法思想観の検討を通して、「近代」にとって「個人」が持つ意味がとり出されている。但し、ここではまだ彼の「共和国」観を摘出することは出来ておらず、それには理由があるのだが、その点は、「共和国」思想に関連して問題とされる論点とあわせて、後述する。

このようにして七〇年代を経ることによって、個人主義・反集団型「人権」観が形づくられてくる。それは、先に引用した岡田与好の文章によって要約されていた日本社会の現実とそれを正統化する実定法運用に対して、そして、自明のように「法人の人権」を含めて「国家からの自由」を語るという意味で「リベラリズム」に傾いていた学界の大勢に対しての、異論提出であった。九〇年代以降になって、いわゆる新自由主義下のグローバリゼーションが進行し、「古きよき日本」の共同体が「日本型経営」という企業社会のあり方を含めて解体してくる中で、そのような考え方が今度はどう「変化」するのかしないのか。それは、すぐ後に問題となるであろう。

3 「主権」の意味のとらえ直し

さて、「国民」「私人」をひとしなみに——個人と集団とを区別することなしに——「人権」主体と考えていたかぎり、国民(ないし人民)主権は、君主主権の旧体制に止めを刺すことでその能動的役割を終え、新しい法秩序の正統性根拠を示す役割におしこめられ、もはや能動的に動き出すことのないもの、として位置づけられる。主権＝憲法制定権の「凍結」という表現は、そのような文脈での言い方であった。たしかに、君主主義の亡霊がどれほどの程度で国民(人民)主権の理念の実質化をなお妨げ続けるかは、時代と国によってさまざまであろう。そうはいっても、亡霊は所詮、亡霊に過ぎない。

それに対し、国民(人民)主権が身分制秩序を解体して「個人」を創出した、ということにより大きな意味があったと考えるなら、主権が歴史の一段階で果たす役割の大きさの意味は、実定近代法秩序の日々の運用の中で問われ続ける。「個人」がどれだけどんな仕方で析出され、あるいは析出されなかったかは、近代法秩序の日常のありようを決定的に左右し続けるからである。一八九年パリでの大革命＝人権宣言二〇〇年記念の学際的な国際大会「フランス革命のイマージュ」での報告で[19]「ルソー＝ジャコバン型」と「トクヴィル＝アメリカ型」という二つの国家像を設置し、日本の近代化の歴史をふり返った上で、今なお「ルソー＝ジャコバン型」近代の意味を追体験することが必要だ、としたのは、そのような脈絡でのことであった。

そこには、たしかに「微妙ならざる変化」があった。その「変化」の意味をはっきりさせることが、肝要であった。

そこでは、「個人」の創出者としての主権の意義が強調されるのであって、「主権よりも人権」から「主権重視」へと転換したわけではない。そうではなくて、個人を主体とするものとして人権を特定したからこそ[20]、主権の意義がとらえ直されたのである。この「変化」は、人権論体系の中での「個人」の発見という次元で何より重要だったのであり、それとの連関で、主権の意義がとらえ直されたのである[21]。

II　「個人」主義憲法学の「苦しさ」

1　「アトム的個人」への「解体」という危険

ところで、前述の意味で私の議論の立て方にとってひとつの画期となった七九年論稿に対しては、ドイツ法を専門とする村上淳一から、「ビスマルク的権威主義の下でもなお若干の自律性を主張しえたさまざまの団体をすべてアトム的個人にまで解体し、これを全体主義的支配のために組織化するさいに反個人主義的イデオロギーが用いられたにすぎない」として、「ナチズムの本質を反個人主義に求めるのはやはり疑問」とする見解が寄せられた[22]。

ヨーロッパの個人主義にとって家長個人主義というべきものの役割の大きさについて重要な指摘をしてきた村上からの批判は、私にとって重要な意味を持った。「アトム的個人」への「解体」の危険を冒してまで諸個人の自立と自律を追求するという困難な道をさし示しているのが近代立憲主義だ、ということをあらためて明示することを私に促してくれたからである。こうして、のちに小粥太郎が適切に定式化する表現に従えば、「「自由」、「個人の尊厳」など、バラ色のイメージで語られてきた事柄の、「苦しさ」を描出」する憲法学[23]が、八〇年代に意識的に自己表現をしてゆくことになる。

その「苦しさ」は、日本型共同体(かつて「イエ」「ムラ」、高度経済成長を経て「カイシャ」共同体)という社会的圧力(J・S・ミルとともに言えばsocial tyranny)に抗して自己主張すべき「個人」の、あえて言えば英雄的な苦しさだった。ところが、九〇年代以降、日本社会は、共同体による拘束と保護の両方から「アトム的個人」が二重の意味で「解放」され、人びとは「無縁社会」という、新しい「苦しさ」の中に追い込まれてゆく。

2 「苦しさ」から遁れる？

そのような新しい「苦しさ」から遁れようとする要素が、私の議論の中にもあらわれてきているのではないか。「コオルとしての司法」という問題の立て方、[24]「憲法と民法」というテーマへの関心の寄せ方の中に私の「変化」を見てとる指摘がある。方法論にかかわる次元の問題として、「洋学紳士」[25](中江兆民の『三酔人経綸問答』中の登場人物)からの転向を読みとる批評がある。[26]「科学から哲学への移行」をとりあげる論者は、その移行が「神秘のマスクを剝ぎ取る」科学から「実践哲学の復権」に呼応しようとしていると指摘し、彼自身の課題として、「樋口憲法学の集大成である『憲法という作為』に抗して、樋口憲法学の「原点」である『近代立憲主義と現代国家』へと回帰する道」をみずからに課している。[27]

これらの批評によって出された論点については、最近公にした別稿[28]の中で、不十分ながら現時点での考えを述べたところであり、より立入ってのことは他日を期すこととし、本稿の末尾でひとこと言及するにとどめる。

III 「一貫」と「転換」――それぞれの意味

1 「モダン擁護」としての「一貫」

ところで、前述の二〇一一年論文を執筆するきっかけとなったのは、日本史家・小路田泰直による私の『憲法という作為』についての書評であった。(29)「ポストモダンに対してモダンを擁護する意味」と題されたその書評は、「国民国家批判、近代批判」が「あらゆる人文社会科学の世界において主流の座を占め」「最早反論する人もまばらになってきている」という学界・論壇についての認識を前提とし、それに対し「一貫して批判の筆をとり続けてきた」著者の作品として、書評対象を位置づける。

小路田書評は、学界・論壇の「主流」の言説を、「citoyen になり損ねた近代人たちの、実は癒しの言説だったのである。だからこそそれは、citoyen たらねばならぬとする、まさに近代的規範意識そのものの解体に向かっているのである」と評し、それへの対抗という脈絡で「モダンを擁護」する私を理解する。

書評の対象とされた『憲法という作為』は、「「人」と「市民」の連関と緊張」というその副題が示唆するように、「モダンを擁護」することで「一貫し」ながらも――むしろ「一貫」するために――「人」より「市民」へと私が強調点を移したあとの作品にほかならなかった。私としては、評者によって示された適切な理解をそのまま受け容れると同時に、『近代立憲主義と現代国家』(一九七三年)から『憲法という作為』(二〇〇九年)に向う間の一定の「変化」「修正」「転換」いかんという論点を間接的に示唆されたことに、感謝をしなければならない。

2　主権の「解凍」という「転換」？

議論は、次のような応酬で展開するだろう。

まずあらためて再確認しよう。「変化」「修正」「転換」は、「人権から主権」へではなかった。そうではなくて、狭義の「人」権の主体を個人に特定し、その意味で「人」権を純化したがゆえに、個人を創り出した国民(あるいは人民)主権の意味がとらえ直されたのであった。

しかし、そのようなものとしてであれ、主権の持った意味が再認識されたことは、「凍結」されたはずのものの「解凍」(30)を意味しないのか。「人」権が個人特定的に純化されたことこそが、かえって人権を危うくするのではないか。

もとより、憲法制定権は憲法の成立時に消耗し尽くされ、その意味でもはや出動しない一回限りのものとして想定されつづけている。憲法内在化された主権は、成立した法秩序のもとで具体的な実定法上の権能の形をとってしか行使されない点も、変りはない。言い直せば、全体として主権の担い手とされる不可分一体の国民(ないし人民)は、実定法上の権能を越えて作動することはない。もともと、一体不可分の主権者＝国民(人民)をその構成要素に着目したとき、その諸個人が「市民」と呼ばれるのだから、その「市民」は権利の主体であって権力の主体ではない。

それでも、——というよりは尚一層——、危惧は残る。ルソー＝ジャコバン型近代の「追体験」による個人の析出、という形で問題が出されていた限り、それは、一回的なるものの記憶の絶えざる呼びさましという、想像上の次元でのことでとどまりえた。同じ思考が「共和国」＝république と、それを構成する「市民」＝citoyen という形をとって日常的な場面で説明されると、いったん封じこめられたものの「解凍」に伴う危険は一層ふえることが考えられる。ことは、「共和国」「市民」という道具立ての問題性に帰着する。

3　「共和国」思考の問題性

一九八九年一一月に論壇での論争の当事者として発言したレジス・ドゥブレの議論に触発さ

れて、私は、「共和国」という思想が——君主の不在という常識的意味を超えて——特殊にフランス的な意味を持つことに注目するようになる。[31] 同じ年の七月に私がパリで「ルソー＝ジャコバン型」vs.「トクヴィル＝アメリカ型」という対照図式を提示したときには、それと重なり合うものとなったドゥブレの「フランス＝république」vs.「アメリカ＝démocratie」という対置図式は、まだ示されていなかった。また、「共和国」という観念を私が自分自身にとってのキーワードとして用いるようになったのは、ルネ・カピタンの一九三九年講演[32]の草稿がオリヴィエ・ボーによってカピタン家の資料の中から掘り出され公にされた二〇〇四年——正確に言えば、公刊前にそのことをボーによって知らされた時点——以後のことである。

その「共和国」は、一七八九年宣言の定式のもとで密接な連関と緊張の中に置かれていた二つの権利主体資格——「人」と「市民」——のうち、後者に特に着目する。そのとき「市民」と「人」の微妙な均衡が一定の限度を越えて「市民」の側に傾くと、「市民」＝公共の担い手が「人」＝私的空間での自由を侵蝕するという、危険な水域に近づくことになる。

ドゥブレやJ・P・シュヴェヌマンのように「共和国」を前提とした「市民」論者が「主権主義者」(souverainiste)と揶揄のニュアンスをこめて呼ばれるのは、主として対外的な国家主権についてのことであるが、そのような遇し方の当否は別の問題として、ここで問題となっている対内の文脈において、「共和国」が主権の「解凍」への傾向を含むことは、否定できない。もとより「共和国」論者は、対内主権の強調がもたらすことあるべき決断主義的傾向の問題性を知らないではない。だからこそ、シュヴェヌマンは日本での私との討論でも[33]、公の討論(débats publics)の意義を強調し、歴史の公定の危険を含む「記憶の法律[34]」というやり方、そして「自由の敵には自由をみとめない」という考えを根本に置く一九九〇年ゲソ法に反対だと明言している。

4　なぜ危険を冒してまで？

それにしても、なぜ、それほどまでの危険を冒そうとするのか。

「「人権」の「主権」に対する優位の主張から、「規範創造的自由」の主体としての市民……による公序構築の主張へと、一見すると転換とも思われる思考の展開」を私について問題とした論者が、既に答えを用意してくれている。彼は、私が「あえて今日、丸山[眞男]の「弁証法的な全体主義」を引き合いに出さねばならなかった」理由を問い、「新自由主義における「人欲の解放」「拘束の欠如」という時代状況への対応の必要からだけではなかった」とし、近代国家への批判を通して国家そのものを疑問に付すことになる主張への「応答という意味合い」

を読みとっているからである。[35] その意味で「一見すると転換とも思われる思考の展開」が、人文社会科学の「主流」に対する「一貫し[た]批判の筆[36]」にとって必要だったのである。「一貫」するためにこそ、「転換」があった、と私自身は考えている。

おわりに

一方で「一貫」が、他方で「変化」から「転換」までが指摘されるのは、そのような意味あいのことと、私は自己理解する。いずれにせよそれは、私から言えば「洋学」内部のことであった。その前提の上で、変化する環境の中で主要な批判対象をどう同定するかによって「転換」が――例えば、「解凍」の危険を承知しながらも――なされてきた。一七八九年宣言の用語に即していえば「人」と緊張関係に立つ「市民」の再発見であり、「一貫」ゆえの「転換」であった。

他方で、「洋学紳士」であること自体の動揺が問題とされるとしたら、その点はどうか。

これまで私が「洋学紳士」と評されるような言説をくり返してきたのは[37]、日本国憲法という実定法秩序への評価(改憲論という場面であれ運用の場面であれ)に即しての主張であり、加えて、

「洋学」の本籍地＝西洋の自己懐疑に対して、「洋学」の旗を降ろすべきでないというメッセージでもあった。[38] その一方で私は、第三、第四世界との対話を想定した場面で、人権価値の普遍性を前提しながらも、実在する非西欧社会のありかたとの接点を探ろうとする「批判的普遍主義」[39]を説いてきた。この、いわば二重基準性は、駒村圭吾によって、「実在的生の voice と適切な距離を保ちつつ、人権の理念の普遍性を確保する戦略はないか」という考察[40]の中で言い当てられている。

そうだとすると、指摘されているような「洋学紳士」の動揺があるのだとすれば、それは、他ならぬ日本の実定法にかかわる言説としても「批判的普遍主義」の適用によって着地点を探ろうとしていることになるであろう。そしてそれはそれでまた、科学志向から実践哲学への移行[41]の反映であるとすれば、躊躇する「洋学紳士」は、どう進み、退くべきか。

(1)『法律時報』六八巻六号(一九九六年)→『憲法　近代知の復権へ』(東京大学出版会、二〇〇二年)三四頁以下。
(2)ここで「批評」という言葉は、小粥太郎『日本の民法学』(日本評論社、二〇一一年)二三七―二四〇頁、およびそこで引用されている蟻川恒正「責任政治」『法学』五九巻二号(一九九五年)に負う。

(3)「比較憲法類型論の今後――五〇年をふり返って」樋口陽一＝森英樹＝高見勝利＝辻村みよ子編『憲法理論の五〇年』(日本評論社、一九九六年)→前出註(1)引用書一五〇頁以下。

(4)一連の批判的指摘は、一九八九年の国際学会での報告(後出註(19))をきっかけとして、私が「ルソー＝ジャコバン型」国家像の持つ歴史上の意義を強調するようになった時期に遡る。参照、私の『近代国民国家の憲法構造』(東京大学出版会、一九九四年)五〇頁註(3)、一八五頁。

(5)渡辺康行「「国民主権」論の栄枯――「憲法学の方法」の観点からの概観」高橋和之＝大石眞編『憲法の争点』第三版(一九九九年)一二頁。同論文によって引用された箇所で私は、「それ自体としては統治の正統性を示す原理」としての「国民主権」という私自身の定義を維持した上で、どれだけの「組織原理レベル」の制度化をするかは「それぞれの実定憲法がそれぞれに選択している」という説明を加え、有権者による国民投票を排除した例(ドイツ連邦共和国)と導入した例(日本国憲法九六条)に言及していた。それゆえ私自身としては、「大きな修正」ではなく、説明の補完と考えている。その意味で渡辺の指摘は、他の論者による「変化」「転換」の指摘とは次元を異にする、と私は理解している。そのような私自身の理解にも拘わらず、「人権から主権へ？」という疑問を生んだ論点とのかかわりがあるかどうか、宿題としておきたい。

(6)棚澤能生「人権と主権の弁証法――樋口報告へのコメント」早稲田大学比較法研究所編『日本法の国際的文脈――西欧・アジア法との連鎖』(成文堂、二〇〇五年)一七一頁。この論文は、同書一五二―一六五頁所収の私の論稿「西洋近代の「普遍性」の射程――あらためて「戦後民主主義」論議の中から」へのコメントとして書かれたものである。

(7)山元一「憲法理論における自由の構造転換の可能性(二・完)――共和主義憲法理論のためのひとつ

の覚書」『慶應法学』一三号(二〇〇九年)一〇〇頁。
(8)愛敬浩二「科学より哲学へ――憲法学の発展?・」『憲法理論叢書』一八号(二〇一〇年)六一―一五頁。
(9)工藤達朗「法理論における近代の意義――「人」と「市民」と「共和国」」『法律時報』八二巻五号(二〇一〇年)二二頁。
(10)高橋雅人「雑種的コンスティテューショナリズム」戒能通厚＝石田眞＝上村達男編『法創造の比較法学――先端的課題への挑戦』(日本評論社、二〇一〇年)五九―七〇頁。
(11)戒能通厚「樋口理論の射程」前出註(10)引用書七六頁。
(12)小粥太郎・前出註(2)引用書四四頁。
(13)「国民主権」と「直接民主主義」」『公法研究』三三号(一九七一年)→『近代立憲主義と現代国家』(勁草書房、一九七三年)二八七―三〇四頁。
(14)「営業の自由」論争の私としての受けとめ方を簡潔に示したものとして、「法学における歴史的思考の意味――憲法学の場合」『法制史研究』五一号(二〇〇一年)→『憲法という作為――「人」と「市民」の連関と緊張』(岩波書店、二〇〇九年)二一〇―二一四頁。
(15)岡田与好『経済的自由主義――資本主義と自由』(東京大学出版会、一九八七年)ii頁。論争の起点は東京大学社会科学研究所編『基本的人権』第五巻(東京大学出版会、一九六九年)所収の岡田論文「「営業の自由」と、「独占」および「団結」」であった。
(16)稲本洋之助、高橋清徳、島田和夫と私の共同作業であり、東京大学社会科学研究所資料第五集として一九七二年に刊行された(非売品)。
(17)『社会科学の方法』四巻一号(御茶の水書房、一九七一年)→『何を読みとるか――憲法と歴史』(東京

大学出版会、一九九二年）一四六—一五一頁。

(18)「第三共和制フランスの公法学から見たナチズム法思想の論理構造——現代法思想における個人主義の役割についての一考察」東京大学社会科学研究所編『ファシズム期の国家と社会・5・ヨーロッパの法体制』（東京大学出版会、一九七九年）→『権力・個人・憲法学——フランス憲法研究』（学陽書房、一九八九年）二一—三八頁。

(19)フランス語報告の日本語訳は、「四つの八九年——または西洋起源の立憲主義の世界展開にとってフランス革命がもつ深い意味」J・P・シュヴェヌマン＝樋口陽一＝三浦信孝『〈共和国〉はグローバル化を超えられるか』（平凡社新書、二〇〇九年）五〇—七一頁。一九八九年公表のフランス語原文を収めたMichel Vovelleの編書（一九八九年）、およびそれを収録した私のフランス語著書（二〇〇一年）については、六八頁の「付記」を参照。

(20)そのことをのちに、個人を権利主体とする狭義の「人」権と、「人間らしい、ヒューマンな」という形容詞で説明される広義の人権との対比を強調する仕方で記述するようになる。「"*Human Rights*"と"droits de *l'homme*"の含意をめぐって——広義の人権と狭義の「人」権」『日本学士院紀要』五七巻二号（二〇〇二年）→『憲法という作為』前出註(14)一〇三—一二三頁。

(21)このことを受けとめ、きわめて簡潔な仕方で適切に定式化したものとして、宍戸常寿『憲法 解釈論の応用と展開』（日本評論社、二〇一一年）二一六頁。

(22)村上淳一「身分制・職能代表制・議会制——ドイツ近代憲法史の一側面」『比較法研究』四四号（一九八二年）。批判に対する私の応答は、註(18)引用の『権力・個人・憲法学』三三—三七頁（七九年初出論文を同書に収める際の「補論」として書かれている）。

(23)小粥・前出註(2)引用書五一―五二頁。直接には蟻川恒正の著作についての記述であるが、「樋口――「強い個人」の文脈で近代立憲主義の厳しさを語る――との「双方向の影響関係」」が言及されている。
(24)「〝コオル(corps)としての司法〟と立憲主義」『法社会学』五三号(二〇〇〇年)→『憲法　近代知の復権へ』前出註(1)一三六―一四七頁。
(25)「憲法・民法九〇条・「社会意識」」栗城壽夫先生古稀記念『日独憲法学の創造力』(上)(信山社、二〇〇三年)ほか→『憲法という作為』前出註(14)一四六―一七〇頁。
(26)前出註(10)引用の高橋論文。
(27)前出註(8)引用の愛敬論文。
(28)「「洋学紳士」と「雑種文化」論の間――再び・憲法論にとっての加藤周一」『思想』二〇一一年六月号。
(29)小路田泰直「ポストモダンに対してモダンを擁護する意味――樋口陽一著『憲法という作為――「人」と「市民」の連関と緊張』を読んで」『歴史評論』二〇一〇年九月号五三―六二頁。
(30)前出註(9)の工藤論文。
(31)レジス・ドゥブレの議論への私の最初の言及は、「《Républicain》と《Démocrate》の間――「自由」と「国家」・再考」小林直樹先生古稀祝賀『憲法学の展望』(有斐閣、一九九一年)→『近代国民国家の憲法構造』(前出註(4))一〇七―一一三頁。一九八九年ドゥブレ論説そのものは、ドゥブレ＝樋口陽一＝三浦信孝＝水林章『思想としての〈共和国〉――日本のデモクラシーのために』(みすず書房、二〇〇六年)一一―五〇頁に、周到な訳註を添えた水林訳がある。

(32)一九三九年カピタン講演について、『憲法という作為』(前出註(14))四―五頁。

(33)二〇〇八年一二月一九日、日仏会館(東京)での私との対論。当日司会役をつとめた三浦信孝を含めた三人の共著を参照されたい(註(19))前出)。

(34)ゲソ法を含めた「記憶の法律」について、「法が歴史を書く?――最近のフランスの事例に即して」『日本学士院紀要』六二巻二号(二〇〇七年)→『憲法という作為』(前出註(14))一七三―二〇一頁。

(35)椨澤・前出註(6)論文一七〇―一七一頁。文中挙示されている丸山眞男の用語「弁証法的な全体主義」は彼の学生時代だった一九三六年、「人欲の解放」「拘束の欠如」としての自由と「規範創造的自由」との対比は一九四七年、の作品中のものである。

なお、私が丸山の二つの自由の対置について初めて書いたのは「「近代的思惟」と立憲主義――「丸山眞男」とともに戦後憲法史を考える」(杉原泰雄・樋口陽一編『日本国憲法五〇年と私』岩波書店、一九九七年)→『憲法　近代知の復権へ』前出註(1)である。丸山の「弁証法的な全体主義」という、いわばきわどい観念にあえて着目してその今日的意義を探ることをしたのは、二〇〇五年の第六回「復初の集い」に招かれて、「憲法学にとっての丸山眞男――「弁証法的な全体主義」を考える」と題する講演をしたときが最初である(『丸山眞男手帖』第三五号、二〇〇五年一〇月)。私は、あえて「弁証法的な全体主義」という用語に主張を託した一九三六年の丸山と、バートランド・ラッセルへの批評の中で彼の「専ら国家からの自由という世界市民的遠心的傾向」を批判する一九四六年の丸山との間に、問題意識の一貫を読みとる(『丸山眞男手帖』前出一三―一五頁)。

(36)小路田・前出註(29)論文五三頁。

(37)但し、『三酔人経綸問答』の役柄の中ではむしろ「南海先生」だという、三浦信孝による見立てもある(前出註(19)著書一九三頁)。
(38)前出註(19)の私の国際学会報告を最終日の総括講演の中でとりあげた碩学の歴史家モーリス・アギュロンは、そのようなメッセージに鋭敏に応えてくれた。彼は私の所論を抜き読みした上で、フランスの歴史家、「少なくとも、法と自由の友でありつづけて従来の諸原則を擁護する者たち、反帝国主義革命の名目のもと新旧のファナティズムを唱える文化相対主義の拡がりに対抗している者たち、は勇気づけられる」と述べたからである。参照、Maurice Agulhon, *Synthèse*, in *L'image de la Révolution Française*, dirigé par M. Vovelle, Pergamon Press, 1989, vol. 4, p. 2394.
(39)「批判的な普遍主義の擁護——文化の多元性に対面する人権概念」『比較法研究』五九号(一九九七年)→前出註(1)著書一六五—一七五頁。
(40)駒村圭吾「人権は何でないか——人権の境界画定と領土保全」井上達夫編『人権論の再構築』(法律文化社、二〇一〇年)三—二六頁。
(41)愛敬・前出註(8)論文。

後記
この補章を収録できたことを含め、本書の少なくない箇所の記述に誤りなきことを期す過程で、厳冬期に入り信州書斎へのアクセスに不自由を来している私のために、調べ事の手段を考えて下さった学友・中村英氏に感謝する(二〇二三年一二月)。

あとがき

書名を考えるにつき、「戦後憲法史に並走」でなく「……と並走」としました。研究者のひとりとしての自己抑制が伴う距離感と、市民としての責任を思う意識とのはざまにあって、自分自身が何をし・何をしなかったかを顧みながらのことですが、今となっては後続する世代からの批判に委ねるほかない、という思いです。副題の由来は扉の裏ページに記したとおり、憲法研究者、そして市民としての活動が、私の場合、国外を含め研究と教育、それらにかかわる限りでの実際活動に及んだからです。

この本の骨格部分は、二〇二〇年六月から二一年三月までの間の東京での、六回の語りの記録です。炎暑と流行疾患が本格化しようとする中での五輪大会の混雑を避け、山登りに喩えるなら前進キャンプとしての東京宅を維持しながらも仙台を本拠地とすることとしました。かつて東北大震災のあと手もと資料の散逸を怖れて印刷していた私家版『環海交流・備忘』をも参看しながら、筆を入れた次第です。

この国の知の社会をとり巻く内外の状況は、戦前・戦中・戦後それぞれの転換期にもまして急転回する困難のさなかにあります。本書が、ささやかなものとはいえ、ひとつの時代を生きた痕跡となることを願うばかりです。

東京で回を重ねた語りの相方になってくれた蟻川恒正さん、そのすべてに同席し必要な助力を惜しまれなかった岩波書店の伊藤耕太郎さんには、それぞれ重い本来の仕事を背負っておられるなかでこの企画を支えて下さったことに、深い謝意と敬意を新たにしつつ。

二〇二三年一二月

著　者

聞き手
蟻川恒正
1964年生まれ．憲法専攻．日本大学法科大学院教授．
主要著作：『憲法的思惟―アメリカ憲法における「自然」と「知識」』(1994年，創文社，2016年，岩波書店)，『尊厳と身分―憲法的思惟と「日本」という問題』(2016年，岩波書店)，『憲法解釈権力』(2020年，勁草書房)等．

樋口陽一
1934年生まれ．憲法専攻．1957年東北大学法学部卒業．東北大学法学部，パリ第2大学，東京大学法学部，上智大学法学部，早稲田大学法学部などで教授・客員教授を歴任．日本学士院会員．
主要著作：『近代立憲主義と現代国家』(1973年，勁草書房)，『比較のなかの日本国憲法』(1979年，岩波新書)，『自由と国家――いま「憲法」のもつ意味』(1989年，岩波新書)，『近代憲法学にとっての論理と価値――戦後憲法学を考える』(1994年，日本評論社)，『憲法と国家――同時代を問う』(1999年，岩波新書)，『国法学――人権原論〔補訂〕』(2007年，有斐閣)，『憲法という作為――「人」と「市民」の連関と緊張』(2009年，岩波書店)，『いま，「憲法改正」をどう考えるか――「戦後日本」を「保守」することの意味』(2013年，岩波書店)，『抑止力としての憲法――再び立憲主義について』(2017年，岩波書店)，『リベラル・デモクラシーの現在――「ネオリベラル」と「イリベラル」のはざまで』(2019年，岩波新書)他多数．

戦後憲法史と並走して――学問・大学・環海往還

2024年2月28日　第1刷発行

著　者　樋口陽一《ひぐちよういち》
聞き手　蟻川恒正《ありかわつねまさ》
発行者　坂本政謙
発行所　株式会社 岩波書店
〒101-8002 東京都千代田区一ツ橋 2-5-5
電話案内 03-5210-4000
https://www.iwanami.co.jp/

印刷・精興社　製本・牧製本

ISBN 978-4-00-061632-4　　Printed in Japan